2015年度北京语言大学学术著作出版基金资助
中央高校基本科研业务费专项资金北京语言大学校级重大专项（项目编号15ZDY04）
北京语言大学梧桐创新平台（项目编号16PT06）

汉语口语
话语标记成分研究

张 黎／主 编

张 黎　袁 萍　高一瑄　著

© 2017 北京语言大学出版社,社图号 17124

图书在版编目(CIP)数据

汉语口语话语标记成分研究 / 张黎主编;张黎,袁萍,高一瑄著. -- 北京:北京语言大学出版社,2017.7
ISBN 978-7-5619-4939-9

Ⅰ.①汉… Ⅱ.①张… ②袁… ③高… Ⅲ.①汉语－口语－研究 Ⅳ.① H193.2

中国版本图书馆 CIP 数据核字(2017)第 143513 号

汉语口语话语标记成分研究
HANYU KOUYU HUAYU BIAOJI CHENGFEN YANJIU

排版制作:	北京创艺涵文化发展有限公司
责任印制:	周 燚

出版发行:	北京语言大学出版社
社　　址:	北京市海淀区学院路 15 号,100083
网　　址:	www.blcup.com
电子信箱:	service@blcup.com
电　　话:	编辑部　8610-82303647/3592/3395
	国内发行　8610-82303650/3591/3648
	海外发行　8610-82303365/3080/3668
	北语书店　8610-82303653
	网购咨询　8610-82303908
印　　刷:	北京九州迅驰传媒文化有限公司

版　次:	2017 年 7 月第 1 版
印　次:	2017 年 7 月第 1 次印刷
开　本:	710 毫米 ×1000 毫米　1/16　印　张:10.25
字　数:	170 千字
定　价:	39.00 元

PRINTED IN CHINA

前　言

　　近十多年来，从美国语言学界引入的话语标记概念和所指现象成为汉语研究的一个热点，出现众多的研究成果，将汉语话语标记的研究大大向前推进。但从这些研究中也发现一些问题和疑惑：

　　一、研究者对话语标记的概念与理论的内涵、外延的理解与把握不尽一致。

　　二、对具体的话语标记成分的甄别与分析存在着明显的分歧。

　　三、对汉语具体的话语标记成分的研究范围集中于几十个较为常见的话语标记，还有大量的话语标记成分无人研究。

　　四、汉语与英语等外语的话语标记相比是否有某些不同的特点？来自于英语研究的话语标记理论是否完全适用于汉语？

　　带着这些问题与疑惑，我们从2009年开始，尝试对汉语口语话语标记现象进行大范围的考察，尽可能多地找出汉语的话语标记成分，并将其作为一个整体进行系统研究。最终从大规模的口语语料库中发现并确认了95个汉语口语话语标记成分，其中大部分都是以往的研究中未涉及的成分。通过对这95个话语标记的考察与分析，我们对汉语话语标记的整体面貌以及特点有了更全面、系统的认识，并与话语标记理论相互对照与检验，也加深了对话语标记理论的认识。本书对话语标记的理论探讨和对具体话语标记分类与描写的结论，就是在这种相互对照与检验中形成的，而不是单纯从理论或实践出发进行的。我们认为，相对于以往对话语标记的研究，本书的研究在以下四个方面取得了进展：

　　一、发现了汉语口语中存在的话语标记成分的最低数量，并揭示出每个话语标记的使用频率差异，以及从各种角度划分出每类话语标记的量化分布倾向。

　　二、对汉语的话语标记做了系统性的功能分类。

　　三、对发现的所有话语标记的形式与功能做了较为全面的描写。

四、结合汉语话语标记的特点,对话语标记理论做了部分补充。

本书的结论只是一家之言,与以往的研究结论之间会有很多分歧,有些问题甚至可能会有很大争议,但这一成果至少可以供学界参考,并希望有所启发。本书中大量的真实口语语料也可以为同行的研究提供例证。为方便读者查找具体的话语标记成分及相关例句,本书特编排了一个"话语标记条目速查索引",附于书后。

由于客观条件和自身能力水平所限,在研究中还有些问题没能很好地解决。首先是语料中的话语标记的认定问题,因为多数话语标记都是借用其他连词或有实义的成分,经常面临认定某个例句中的成分是否是话语标记的问题,有时即使听录音也不好判定,所以,我们对于不能认定的,就排除在统计范围之外。因此,统计可能会有一定误差,统计数据不具有精确的统计意义,只表明各话语标记成分之间的数量对比关系。其次,在各种功能的分类上,有些话语标记似乎同时兼有两种功能,这给其类属划分带来困难,我们尽量将其与其他成分比对形式上的特征、前后序列之间的关系,以判定其首要的功能,按其首要功能进行分类,但这难免有一定的主观性,不能保证百分之百的准确或正确。最后,虽然我们使用的语料数量够大,但其语体、风格、话题覆盖面还是不如现实交际活动那样广,所以,也不能肯定是否还有其他的话语标记成分没有被发现和甄别出来。这些问题期待在后续研究中加以完善,也欢迎同行专家批评指正。

本书的研究项目在进行过程中,得到了北京语言大学刘丽艳教授的热心指导和帮助,在此谨向刘丽艳教授表示衷心的感谢!同时要深深感谢先后参与语料采集、筛选、统计及文献资料搜集、整理工作的研究生,他们是:李配配、满志达、秦民南鸽、王楠、王箐、常蕊、郭怡睿、宋思源、肖向一、王娟娟、于蕾和周宁芳。

感谢北京语言大学资助本书出版!

感谢北京语言大学出版社以及责任编辑对本书出版所做的大量工作!

张黎

2016 年 11 月于北京

目 录

第一章 绪论 ………………………………………………… 1
  第一节 研究缘起 ……………………………………………… 1
  第二节 有关话语标记的研究综述 …………………………… 2
    一、话语标记及相关概念 …………………………………… 3
      （一）语用标记与话语标记 ……………………………… 4
      （二）话语和元话语 ……………………………………… 5
      （三）口头禅 ……………………………………………… 5
    二、话语标记的理论流派 …………………………………… 6
      （一）连贯派理论 ………………………………………… 6
      （二）关联派理论 ………………………………………… 7
    三、话语标记的特征与分类 ………………………………… 9
    四、有关汉语话语标记成分的研究 ………………………… 12
      （一）对汉语话语标记研究的兴起 ……………………… 12
      （二）对汉语话语标记的聚类研究 ……………………… 13
      （三）对汉语话语标记的历时演变研究 ………………… 13
      （四）从社会语言学角度对汉语话语标记的研究 ……… 14
      （五）对汉语方言话语标记的研究 ……………………… 14
      （六）从第二语言教学角度对汉语话语标记的研究 …… 14
    五、本研究与以往研究的不同 ……………………………… 15
  第三节 研究目标及研究内容 ………………………………… 16
  第四节 语料来源及说明 ……………………………………… 17

第二章 汉语口语话语标记的分类与统计 ········· 19
第一节 话语标记的界定与分类 ············ 19
  一、话语标记的界定 ·················· 19
  二、话语标记的判定标准 ··············· 20
  三、话语标记分类系统 ················ 21
第二节 语料中发现的话语标记统计 ········· 22
第三节 话语标记来源分类 ··············· 26
第四节 话语标记的形式分类 ············· 28
  一、结构形式 ····················· 29
    （一）单个词汇构成的话语标记 ········· 29
    （二）短语构成的话语标记 ············ 30
  二、结构稳定性 ···················· 31
  三、出现位置分布 ··················· 33
    （一）不定位话语标记 ··············· 33
    （二）定位话语标记 ················ 34
第五节 话语标记的功能分类 ············· 35
  一、话语组织功能标记 ················ 36
  二、元语言功能标记 ················· 37
  三、人际互动功能标记 ················ 39

第三章 话语组织功能标记 ··············· 41
第一节 交际进程标记 ················· 42
  一、交际启动标记 ··················· 43
    1. 好$_1$ ······················· 43
  二、交际转换标记 ··················· 44
    2. 对了$_1$ ····················· 44
    3. 好$_2$ ······················· 45
    4. 好的$_1$ ····················· 46
    5. 好了 ······················· 46
    6. （就）是这样（子）(的)$_1$ ········· 47
    7. （就）这样（子）(的)$_1$ ·········· 48
  三、交际结束标记 ··················· 48

  8. 好$_3$ ··· 49
  9. 好的$_2$ ·· 49
 第二节 话轮控制标记 ·· 50
  一、话轮转接标记 ·· 50
   10. 那$_1$ ·· 50
   11. 那个$_1$ ·· 52
   12. 那么$_1$ ·· 53
   13. 然后$_1$ ·· 53
   14. 所以$_1$ ·· 55
   15.（它/他/你）这个$_1$ ·· 56
  二、话轮延续标记 ·· 57
   16. 那$_2$ ·· 57
   17. 那么$_2$ ·· 58
   18. 然后$_2$ ·· 59
   19. 所以$_2$ ·· 60
   20. 完了 ··· 61
  三、填补空白标记 ·· 62
   21. 嗯$_1$ ·· 62
   22. 那个$_2$ ·· 62
   23. 那什么$_1$ ·· 64
   24. 这个$_2$ ·· 64

第四章 元语言功能标记 ·· 66
 第一节 自我反馈标记 ·· 68
  25. 啊$_1$ ··· 68
  26. 哎$_1$/唉$_1$ ·· 68
  27. 对 ··· 69
  28. 对了$_2$ ·· 70
  29. 嗯$_2$ ··· 70
 第二节 信息凸显标记 ·· 71
  30. 哎$_2$ ··· 71
  31. 哎$_3$/唉$_2$ ·· 72

III

32. （你/您）（也）（还）（真）别说 …… 73
33. （我/咱）不瞒你（们）/您说 …… 74
34. （我）告诉你₁ …… 76
35. （我）告诉你₂ …… 77
36. 好家伙 …… 78
37. 好嘛₁ …… 78
38. （也）就是（说）₁ …… 79
39. 老实说 …… 81
40. 你 …… 82
41. 实话说 …… 83
42. （它/这）说起来 …… 83
43. （咱/咱们）说实话 …… 84
44. （我/我们）说实在的 …… 85
45. 我敢说 …… 85
46. 我看 …… 86
47. 我说₁ …… 87
48. 我想 …… 88
49. 要我说 …… 89
50. （这/这话）（该）怎么说呢 …… 90

第三节　解释标记 …… 91
51. （也）就是（说）₂ …… 91
52. 可以说 …… 94
53. （它）是这样（子）（的）₂ …… 94
54. 说白了 …… 95
55. （咱们）说（得）明白点（吧） …… 96
56. 我的意思（就）是（说） …… 97
57. 我是说 …… 98
58. （咱们/我/我们）（跟你/您）这么说吧 …… 99

第四节　表态标记 …… 100
59. 不是 …… 100
60. 不是我说你（们） …… 101
61. 好不好 …… 102

62. 好嘛$_2$ ……103
63.（我/咱/这）说真的 ……104
64. 他妈（的）……105

第五章　人际互动功能标记 106

第一节　联络标记 107

65. 啊$_2$ ……108
66. 哎$_4$/唉$_3$ ……108
67. 那什么$_2$ ……109
68. 你说$_1$ ……110
69.（你/您/你们）听我说 ……111
70.（你）听着 ……112
71. 我跟你说/讲 ……113
72. 我说$_2$ ……114
73. 我问你 ……115
74.（你/您/你们/大家）知道吗$_1$ ……116

第二节　寻求认同标记 118

75. 大家/我们（都）知道 ……118
76. 对吧 ……119
77. 对不对 ……120
78. 哈 ……121
79.（你）看 ……121
80.（你/你们）看看 ……122
81. 你看$_1$ ……123
82. 你说$_2$ ……125
83. 你说说 ……125
84. 你想 ……126
85. 你想想（看）……127
86. 你/您知道 ……128
87.（你）瞧 ……129
88. 是吧 ……130
89. 是不是 ……131

  90.（你/您）知道吧 ………………………………… 132

  91.（你/您）知道吗$_2$ ………………………………… 133

 第三节　关系调节标记 ………………………………… 134

  92. 啊$_3$ ………………………………………………… 134

  93. 我说你 ……………………………………………… 135

 第四节　协商标记 ……………………………………… 136

  94. 你看$_2$ ……………………………………………… 136

  95.（那）(你/咱们)(要不)这样（吧）$_2$ ……… 137

第六章　研究结论 ………………………………………… 139

 一、话语标记纯粹是一种口语交际现象 …………… 139

 二、话语标记是副交际系统符号 …………………… 140

 三、话语标记对于交际而言并非可有可无 ………… 140

 四、话语标记具有切分表达单元和句法结构单元的作用 … 141

 五、汉语话语标记形式可变性更强 ………………… 142

 六、汉语话语标记位置更灵活 ……………………… 142

 七、余论 ………………………………………………… 142

参考文献 …………………………………………………… 144

附录：话语标记条目速查索引 …………………………… 150

第一章
绪　　论

第一节　研究缘起

　　话语标记（discourse marker）是美国学者提出的概念，其名称及定义至今无统一界定，在理论上和实践操作中，对这个概念的理解和把握实际存在着较大分歧。学术界曾经使用的指称话语标记现象的名称就有很多种，有些概念（如"语用标记"）其实包含着起复句衔接作用的插入成分（语法功能相当于连词，如"总而言之、结果"等），而不同的研究者对于具体哪些成分算话语标记，哪些不算，看法很不一样。本研究力图进一步明确话语标记的性质及功能，并在此基础上专门考察汉语中那些可以确定为话语标记成分的形式、分布和功能特征，希冀能揭示汉语话语标记的全貌。

　　有关英语的话语标记现象及其理论问题，国外已经做了较为全面的研究，对英语中的各种话语标记也有了比较详尽的描写与分析。而对于汉语的话语标记还没有人做过大范围的描写和研究，只有对单个或一组话语标记及类似成分进行研究的论文或专著，还有少数对某类语篇或交际行为的话语标记现象进行考察的论著中涉及话语标记的研究。这些研究为进一步研究汉语的话语标记提供了有益参考。但既有研究成果的研究范围有限，也没有明显区分口语和书面语。话语标记其实在口语中使用得比较多，是口语交际的一个重要表现特征，目前的零散研究不能反映这类现象的全貌。其中有些被作为话语标记研究的成分，我们经考察认为其并非真正的话语标记，或至少是存疑的。另外，已有的研究基本上是举例性的，以定性研究为主，没有从大量的真实语料中进行定量的考察，无法完全判断所做结论是否准确、全面。再有，这些研究对话语标记的定义以及理解不同，研究水平和深度也参差不齐，不少文章是未在权威学术刊物上发表的博士或硕士论文，其学术价值尚不能完全肯定。

本研究在搜集 1110 万字真实口语转写语料的基础上，专门对汉语口语中的话语标记成分进行全面的检索、统计和描写分析，以揭示汉语口语中话语标记成分的全貌，这是未曾有人做过的研究工作，具有多方面的意义。首先，目前的话语标记以及话语分析理论主要是建立在对英语的研究基础上的，它不一定完全适用于属于不同语系的汉语，研究汉语的话语标记可以对这些理论进行验证、补充乃至修正，为话语分析理论的发展做出贡献。其次，汉语的话语标记是一种特殊的语法现象，反映汉语语段、篇章以及交际层面上的语法特征，对其进行研究，是对现有的汉语语法研究以及汉语使用研究的有益补充。第三，目前，我们对汉语口语的研究相对比较薄弱，这一研究可以从一个新的角度探究汉语口语的特征，并揭示出真实的汉语口语的一些使用情况，加深我们对汉语口语现状的认识。第四，本研究的成果对于对外汉语教学、辞典编撰以及口语传播等领域都有实用参考价值。另外，在此研究过程中，所搜集整理的口语语料，也为进一步研究汉语口语积累了重要的资源。

第二节　有关话语标记的研究综述

国外对话语标记现象的关注始于 20 世纪 50 年代。Fries（1952）在 *The Structure of English: An Introduction to the Construction of English Sentences* 一书中，将功能词划分为 15 类，其中 K 组（well、oh、now、why）频繁出现在"回答部分"（response utterance units）的起始部位，但更多情况下是在连续（continuing）交谈的句子开头处。L 组（yes、no）的频率分布很像 K 组，但是是作为整个应答出现的，并且词汇本身的意义也要比 K 组词明确得多。M 组词包括 look、say 和 listen，是引起别人注意的标记（attention-getting signals）。N 组（please）与请求句一同使用，一般都出现在句首。该分类实际上将具有话语标记作用的 K 组、M 组与其他有实际意义的功能词区分开来，但没有进一步对其进行研究。1953

年,美国语言学家 Quirk 在一次题为《随意的交谈——日常口语的一些特征》的讲座中首次明确地谈到在日常口语中一再出现的一些修饰语——you know、you see 和 well 等成分,常常传递的不是命题意义,不构成话语的语义内容,而是为话语理解提供信息标记,起引导性作用。(黄大网,2001)其所谓"修饰语"与我们今天讨论的话语标记非常相似,可以被看作是话语标记研究的开端。

在 Fries 和 Quirk 之后的二十年间,对类似这种"修饰语"的研究没有继续下去。到了 20 世纪 70 年代,随着话语分析、语用学等一系列相关学科的发展,话语标记研究有了较为深厚的理论基础,同时,越来越多的学者将研究兴趣投入到了人们日常交际的口语中。由此,对话语标记的研究也形成并发展起来。

一、话语标记及相关概念

虽然话语标记已经成为学界研究的一个新课题,相关研究成果也不断出现,但迄今为止对话语标记的内涵等基本问题还没有达成共识,仍然存在分歧。由于研究角度和重点不同,不同的研究人员使用的名称有所不同,不同学者给这一现象的命名就有几十个之多。如语句联系语(sentence connectives)(Halliday et al., 1976)、语义联加语(semantic conjuncts)(Quirket et al., 1985)、逻辑联系语(logical connectors)(Celce-Murciaet et al., 1983)、语义联系语(semantic connectives)(van Dijk, 1979)、外加语标记(disjunct markers)(Jefferson, 1978)、话语操作语(discourse operators)(Redeker, 1991)、话语小品词(discourse particles)(Schourup, 1985)、话语标记手段(discourse signalling devices)(Polanyiet al., 1983)、会话常规语(conversational routines)(Aijmer, 1996)、语用联系语(pragmatic connectives)(van Dijk, 1979; Stubbs, 1983)、表意联系语(phatic connectives)(Bazanella, 1990)、语用标记手段(pragmatic devices)(Kopple, 1985)、语用表达语(pragmatic expressions)(Erman, 1987)、语用操作语(pragmatic operators)(Ariel, 1994)、话语标记(discourse markers)(Schiffrin, 1987)等。从以上对话语标记不同的命名,可以看出对话语标记的研究有句法、语义和语用等多种层面和角度。

许家金(2005)指出,英文文献中最常见的称谓有四种,即 discourse

marker、pragmatic marker、discourse particle、discourse connective。在这四种命名中,影响最大并为大家普遍接受的是 discourse marker,国外学者常缩写成DM。本研究依从使用最多的名称,仍采用"话语标记"的概念。

在界定话语标记之前,还需要明确一些相关的基本概念,尤其是一些容易产生混淆的概念。在以往的研究中,这些概念与话语标记纠缠在一起,所以我们首先结合已有研究成果对这些概念做一梳理。

(一)语用标记与话语标记

在对话语标记的诸多命名中,研究者关注最多的是话语标记和语用标记的区分。Fraser(1999)使用"话语标记"这一名称,但一直严格区分语用标记和话语标记,在其分类体系中,话语标记只是评述性语用标记中的一种。但国外其他学者很少对这二者进行区分,一般用语用标记或语用表达式统称之。而在国内,一些学者主张对这两个概念加以区分。冯光武(2004)认为"语用标记语"和"话语标记语"二者所指范围不同,话语标记语是语用标记语的一种,二者不能混用。话语标记语是说话人展现他/她对话语单元之间的语义关系的判断,或者是将这种判断清晰化、明朗化的一种手段。其他语用标记语展现说话人对话语命题的主观评价。方梅(2005)同样认为应该区分语用标记和话语标记,她认同冯光武(2004)的看法,认为后者只是前者的一个子类。她认为两者都不参与命题意义的表达,但是,话语标记在言谈当中起组织结构、建立关联的作用,而语用标记不具备此类组织言谈的功能。比如,"然后"用作命题意义表达时,表示时间上具有先后关系;不用作命题意义表达时,在谈话中可以连接说话人相继说出的并无时间先后关系的内容,使言谈保持连贯。如果一个成分对连贯言谈并无作用,而重在表现说话人的态度,这种成分只把它看作"语用标记"。

可以看出,国内外学者对话语标记的理解可分为两种:一是广义的话语标记,即语用标记;二是狭义的话语标记,是语用标记的一种。"语用标记"的称法侧重于标识说话者的交际意图;狭义上的话语标记是一种起到组织话语的功能、使话语单元之间建立关联的那部分语用标记。

我们认为,各家学者所讲的语用标记和话语标记,如果从表达真实命题或概念意义的标准看,不管是表达程序义还是主观态度,都是多数人所用的话语标记这一现象的功能特征,只是所起的功能不同而已。因此,本书不区分这对概念，统称之为话语标记，只是在具体的操作上，会排除一些其他学者所认定的语用标记或话语标记项目。

（二）话语和元话语

一般认为，"话语"是指大于句子的连贯的口头或书面的语篇。Crismore（1989）将交际中的语言分成基本话语层面（primary discourse）和元话语层面（metadiscourse）。基本话语指具有指称和命题信息的话语；元话语是关于基本话语的话语，陈述说话人对语篇的组织、对命题的态度和人际关系。在这两个层面中，话语标记应当属于元话语范畴。

确定了话语标记所在的语言层面，那么话语标记和元话语标记之间有什么异同？同对话语标记的研究相比，对元话语标记的研究薄弱得多，元话语标记这一术语也很少有人提及。李秀明（2006）对汉语的元话语标记进行了系统的研究。他认为元话语标记就是引导元话语的标记形式或者在语篇中连接或引导基本话语语段的连接形式，是一种修辞标记，是语篇中可以观察到的言语行为者调整语辞适应题旨情境的最外显的言语形式。高竞怡等（2010）认为元话语包含了会话标记，属于会话标记的一定是元话语，然而属于元话语的不一定是会话标记。

本书研究的话语标记与李秀明（2006）所说的元话语标记内涵基本一致，但是其文章是对书面语中的标记现象进行研究，而本书则只针对口语中的话语标记进行研究。我们同意高竞怡等（2010）的看法，认为话语标记本身可以看作是元话语层面的一种现象，为了与李秀明（2006）的元话语标记相区分，我们还是使用"话语标记"这一术语。

（三）口头禅

口头禅也是口语中的一种特殊现象，一般是指某人或某类人经常挂在口头的词句。口头禅的使用情况一般与使用者的性格、生活遭遇或是精神状态有关，可以算是个人标志，同时也影响着其他人对口头禅使用者的感觉。马国彦（2010）以"然后""但是"为例对比了话语标记和口头禅，他认为口头禅是话语标记的虚化状态，指自然会话中在修辞意图的驱动下，由于认知心理机制和语言机制的综合作用，某些表现出高频复现、脱口而出、黏附性等特点并在语义和功能上具有相应特征的话语标记。从口头禅与话语标记在语义、功能上的联系可知，它们实际上处在一个连续体内,其差别在于虚化程度的高低。他认为口头禅是话语标记的一种特殊实现形式。

其实话语标记和口头禅既有交叉又有差异。上述马国彦(2010)提到的即是二者交叉的状况,即口头禅是话语标记进一步虚化的一种表现,这类口头禅一般具有群体性而不具有个体性,可以构成话语标记。另外,二者不一致的地方在于某个词句是口头禅而不是话语标记,这种性质的口头禅一般个体性较强,是个人语言使用风格的一种体现。比如某些人喜欢说"随便""凭什么呀""不靠谱",等等,这就不是话语标记。因此,本书所讨论的话语标记是"在自然话语语流中一些高频连用成分的并合与规约化"①,即这种语言形式及其用法已经被语言社团的部分成员或全体成员所接受,而那些同个人语言风格有关的口头禅不在我们的研究范围内。在以往的研究中,有些被作为话语标记研究的成分,其实是口头禅,本研究将这一部分成分排除在话语标记之外。

二、话语标记的理论流派

在国外对话语标记的研究中,一般分为以 Schiffrin、Redeker 等为代表的"连贯派"和以 Blakemore 为代表等人的"关联派"。

(一)连贯派理论

Schiffrin(1987)研究了十一个话语标记在自由会话中的意义及在话语不同层面上对话语连贯的作用,重点是话语标记如何增强话语的连贯性。例如,她认为 well 是一个回应标记(response marker),它的出现常常表示说话者有话要讲,而且它还可以将表面不连贯的话语变成连贯的话语,等等。所以 Schiffrin 认为,话语标记语对话语连贯起着重要作用,并提出了话语连贯模式。该模式由五个相互联系的层面构成,每个层面都有自己的连贯类型,话语标记语就在这五个不同话语层面上对话语的意义连贯起着重要作用。

Redeker(1991)的话语模式与 Schiffrin(1987)相似,也是建立在相邻话语单位间连贯作用的基础之上。不过,她对 Schiffrin 的五个层面理论

---

① 董秀芳.词汇化与话语标记的形成[J],世界汉语教学,2007(1),51页.

进行了评述和修正,在证明了几乎所有的十一个标记都参与了全部五个层面的运作以后,她消去了 Schiffrin 会话五层面中的参与框架和信息框架,提出了会话三层面理论。Redeker 认为,话语标记所标示的关系可以通过这些被修正的连贯要素来描述和分类。

Fraser(1996)以脱离语境的单个句子或相邻对(adjacent pair)作为考察对象,研究话语标记所联系的句1和句2之间的关系,并以此为基础研究话语标记所起的作用,他并没有从更大的语篇范围考察话语标记的组织功能,这是其研究角度的不足之处。

总之,"连贯派"的学者认为语篇最重要的特征是连贯,话语之间隐藏着某种连贯关系,而话语标记则是将这种连贯关系外显的表达方式。他们研究的重点主要是放在话语标记是如何在语义、语用方面增强语篇的连贯性上。

■(二)关联派理论

Blakemore 等人的"关联派"研究的理论基础是 Sperber 等(1986)的关联理论(relevance theory)。关联理论从人的认知特点与过程出发,把交际看作是一种认知活动,认为人类认知的总目标是力图以最小的投入去获取最大的认知效果。为了实现这一目的,在认知过程中,人们必须将注意力集中在最为关联的信息上。根据该理论,为了让对方理解话语时付出尽可能小的代价,说话者会尽可能清楚地表述话语信息,并使用各种语言手段来制约听话人对话语关联性的寻找,话语标记就是实现这一目标的有效手段之一。"关联派"认为,说话人的大脑里已有一种具体阐释自己话语的选择,在交际的过程中他期待听话人能理解并得出这个选择,为此,听话人必须正确地处理说话人的话语。与以 Schiffrin 为代表的"连贯派"相比,一般认为以 Blakemore 为代表的"关联派"关于话语标记的观点的解释力更强。这是因为,按照"连贯派"的观点,话语标记增加话语连贯性的功能发挥是在明显的上下文话语环境中进行的。但在实际的语言应用中,并不是所有的话语标记都必须有明显的上下文,在有些情况下,话语标记可以连接语境和话语,例如:

(On entering the room and finding the computer is missing.)
So, where did you put it?

连贯派认为上例中的"so"不是话语标记,但是关联派认为它是话语标记。由此可以看出，关联派不仅把话语标记看作上下文话语的连接工具，更把它作为语境和话语之间的桥梁，从而拓宽了话语标记的认知语用功能。这一研究角度使话语标记在言语交际活动中对言语的建构和理解等方面都具有较强的解释力，从而也使得这一领域的研究变得更有价值。但是关联派学者过多注意从认知推理角度对话语标记进行功能分析，对于话语标记在语篇组织等过程中的作用等问题却没有给予足够的重视。

不管是连贯派还是关联派，他们都承认话语标记在话语中的阐释作用，尤其是在超句层面上的限制功能（constraining function）。连贯派认为，话语标记限制了对话语关系的命题选择，这些命题表达了听话人需要恢复并用来理解一个语篇的连贯关系；关联派则认为，话语标记通过将听话人引向预设的上下文及其效果来限制听话人的理解过程（Rouchota，1996）。两派都坚持话语标记所起的只是辅助作用。（黄大网，2001）

国内对话语标记的研究始于英语学界对国外话语标记理论的引进和介绍。在这方面，何自然、冉永平等是研究比较充分的几位。他们所采用的模式基本是关联理论和顺应论。何自然等（1999）以 Sperber 等（1986）提出的关联理论为框架，从话语生成与理解的角度分析话语联系语对话语生成与理解的认知性解释及其语用制约性，论证了话语的生成与理解是一个相互制约的过程。在言语交际中，说话人之所以能够进行各种恰当的话语与策略选择是因为语言具备三个特性：变异性、商讨性和顺应性。Verschueren（2000）提出了有关语言交际的顺应性理论。顺应性指的就是能够让语言使用者从可供选择的各种语言项目中进行灵活选择，从而满足交际需要。选择不仅包括语言形式的选择，还包括策略的选择，它可发生在语言的任何层面，且选择是一种有意识的、具有一定倾向性的行为。

冉永平（2004）认为虽然 Sperber 等（1986）和 Verschueren（2000）分别从不同的视角审视语言的使用与理解，但这两种理论之间在一定程度上却是互相补充的。因此，他以言语交际为基础，尝试性地提出语言使用与理解的顺应—关联模式，将二者很好地结合了起来。

连贯派和关联派之间的分歧，实际上反映出话语标记在话语、语篇组织和交际参与方之间互动、协调两方面的作用，两者是互补性质的，而不是对立关系。本研究结合两种理论视角，将话语、语篇组织和人际协调功能都作为考察话语标记的参数。

三、话语标记的特征与分类

目前学界对话语标记还没有统一的定义和分类，但综合来看，学者们一般都从来源、句法、语义、语用等方面对话语标记进行了界定。概括来说，目前影响比较大的是 Hölker（1991）对话语标记特点的界定：一、话语标记语不会影响话语的真值条件；二、话语标记语不对话语的命题内容增加任何新信息；三、话语标记语与说话者当时的情况有关，但与被论及的事物无关；三、话语标记语具有表情功能，但没有指涉外延或认知功能。Schiffrin 是系统研究英语话语标记的第一人，她所著的 *Discourse Markers*（《话语标记》）（1987）一书是 20 世纪 80 年代对话语标记研究的集大成者，对话语标记研究影响很大。按照 Schiffrin（1987）的定义，话语标记是指包含语言单位、顺序上不独立的成分，它们在结构上可以脱离所在的分句，但在整个话语结构中可以得到解释，其意义无法在句义层面上阐释，而是从说话人的态度及取向中得到阐释。她认为话语标记语是对话语单位起切分作用的顺序性依附成分（sequentially dependent elements which bracket units of talk），在句法上必须独立于所在的句子、必须位于语句的起始位置、必须具有某些韵律特点、必须在话语的微观和宏观层面起作用。每个话语标记都有一个"核心意义"（core meaning），它们不仅限制其所在的话语，还影响该话语的整体意思。话语标记的意义在话语连贯中所发挥的作用不是使话语间产生某种关系，而是使某种早已隐含在话语间的关系外显化。其研究采用"自下而上"的研究方法，即始于某些特殊的语言形式，对个案的分布、用法进行观察描述，然后进行归纳、概述。

Redeker（1991）认为 Schiffrin（1987）对话语标记所下的定义还不够充分，使用"话语操作语"（discourse operators）来代替话语标记概念，并将其定义为上下文连贯关系的语言标记，认为其功能主要是用来把听话人的注意力带到一个特定的、与将要说出的话语的某种关联中。另外，Redeker 赞同 Schiffrin 关于话语标记核心意义的说法，认为该核心义将会明确这个标记对语义表述所起的本质作用，它们可以约束、限制对话语上下文的理解。

Fraser（1996）采用"自上而下"的方法对话语标记进行了界定和分类，认为在句法上，话语标记语不是独立的语法范畴，来源于连词、副词和介词短语，标示话语中各种成分之间的关系；在语义上，每个话语标记语都有其核心意义，这种意义是程序性的而不是概念性的，对句子的命题意义没有影响。

与上述 Schiffrin（1987）、Redeker（1991）和 Fraser（1996）等人从句法、语义角度研究话语标记不同，Blakemore（1992）打破了以往的研究模式，最早从认知角度出发对话语标记进行研究。她将这一语言现象命名为"话语联系语"，指出这些成分编码的是程序信息，而非概念信息；它们连接的不是话语单元，而是语境假设。其作用是对话语理解进行语用制约，明示语境假设，减少听话人理解话语时可能付出的努力，并利用 Sperber 等（1986）提出的明示—推理的关联理论对此做出了更进一步的解释。从听话人角度而言，交际是一种推理过程，即从说话人通过明示手段提供的信息中推断出说话人的交际意图。说话人会制约听话人对话语关联性的寻找，听话人一般只留意那些他认为有必要注意的现象或信息，只有当说话人所传递的信息是与听话人相关且值得听话人去处理时，才能吸引听话人的注意，才有意义。这时，听话人就要努力寻找话语与语境假设之间的关联，进行推理，从话语中获取某种语境效果。所以，说话人在话语生成时使用话语标记，是为了对听话人的理解形成某种制约，即保证听话人在付出尽可能小的努力后寻找话语与认知语境之间的关联。

在国内，冉永平（2000）认为，话语标记语不传递命题意义或语义意义，不构成话语的语义内容，而只是为话语理解提供信息标记，从而对话语理解起引导作用的程序性意义。

刘丽艳（2005）对汉语话语标记语的研究属于整体研究和个体研究的结合，对话语标记特征从口语交际信道的依赖性、意义的程序性、句法的可分离性和功能的元语用性等四个方面进行了界定。她认为话语标记是互动式口语交际中所特有的一类功能词（或短语），它们在句法上具有相对独立性，在口语交际中没有概念义，只有程序义，其功能体现了认知主体的元语用意识。她认为话语标记是一个相对封闭的功能类，其内部典型成员数目有限。话语标记本身没有组合能力，它既不能与其他词类中的词组合成新的语用单位，它们之间也不能相互组合为更大的语用单位。

谢世坚（2009）对话语标记的定义是：话语标记语是标记话语的表达式，它源自感叹词、连词、副词、指示代词、动词、短语和小句，不参与命题的表达，但有助于话语的组织，同时表达说话人的语气、态度、情感等。

许家金(2009)认为,所谓话语标记,主要指出现在现场即席话语中,用以标记话语连贯、传递话语互动信息的语言及非语言手段(如身势语)等行为手段。

国内外很多学者都从不同层面对话语标记进行了分类,其中主要是功能分类,但各家的观点相去甚远。

Schiffrin(1987)对十一个话语标记语的话语功能进行了定性与定量分析,包括 oh、well、and、but、or、so、because、now、then、you know 和 I mean,将其分为六类:一、信息处理标记(oh);二、反应性标记(well);三、话语连接词(and、but、or);四、因果性标记(so、because);五、时间副词(now、then);六、信息和参与标记(you know、I mean)。

在 Schiffrin 之后,Watts(1989)根据话语标记语出现的常见位置把它们分成了"左标记语"(left discourse markers)和"右标记语"(right discourse markers)。但这些常见位置并非传统意义上的语法结构位置,而是语调单位,位于语调单位之前的是左标记语,位于语调单位之后的就是右标记语。Watts 在研究中发现,话语理解时右标记语的作用更突出,它比左标记语更能引起听话者的注意。

Redeker(1991)按照语用功能,将话语标记分成四大类:一、对比性标记语(contrastive markers),如 though、but、however、on the contrary、on the other hand 等;二、阐发性标记语(elaborative markers),如 and、furthermore、in addition 等;三、推导性标记语(inferential markers),如 so、therefore 等;四、主题变化标记语(topic change markers),如 by the way、incidentally 等。

Blakemore(1992)先后分析了 but、so、after all、therefore、moreover、however 等的认知、语用功能,并根据话语标记所激活的不同认知效果,把话语标记分为三大类:一、加强原有语境假设的话语标记;二、否定原有语境假设的话语标记;三、能够产生语境隐含的话语标记。

在国内,冉永平(2000)把话语标记分为八类:一、话题标记语,如"话又说回来"等;二、证据性标记语,如"众所周知"等;三、推理性标记语,如"由此可见"等;四、换言标记语,如"换句话说"等;五、言说方式标记语,如"简而言之"等;六、对比性标记语,如"不过"等;七、评价性标记语,如"依我看"等;八、言语行为标记语,如"我告诉你"等。其分类中所举例子，其实多为具有逻辑连接意义的成分，本研究不认作话语标记。

刘丽艳（2005）认为对话语标记的分类应该从某一具体语言做起，结合它们在该语言口语交际中的使用和功能发挥情况进行。从形式上看，根据话语标记是否拥有原始词汇形式，她将话语标记分为非词汇形式话语标记和词汇形式话语标记。同时她根据话语标记对不同交际活动功能的发挥情况，把话语标记分为中心交际活动话语标记和非中心交际活动话语标记，并进一步将话语标记从功能上分为语境顺应、语篇组织和人际互动三种类型。

谢世坚（2009）从话语标记的来源角度将话语标记分为八类：感叹词话语标记，如"哎"等；连词话语标记，如"那么、然后"等；副词话语标记，如"不（是）"等；形容词话语标记，如"好、对"等；谓词话语标记，如"回头、完了"等；指示代词话语标记，如"这、这个、那个"等；短语话语标记，如"是不是"等；语句话语标记，如"你知道、我想说的是"等。

上述各种对于话语标记的分类，反映出理论视角和层面的不同，因此分类的性质和结果不同，且有粗有细。综合各家观点，我们认为，话语标记的分类是一个系统性的分类，包含多个层级，本研究就按照这种思路重新进行系统性的分类。

四、有关汉语话语标记成分的研究

（一）对汉语话语标记研究的兴起

汉语话语标记的有关研究起步相对较晚。早期的汉语语言学著作几乎没有论及汉语话语标记问题。20世纪50年代起，汉语中的插入语、独立语等问题逐渐引起语言学家的关注，但当时国内尚无"话语标记"这一说法。美国学者Charles Miracle（1991）较早对汉语话语标记进行了研究。他借鉴Schiffrin（1987）的话语标记分析方法，描写了几个汉语词语"好、可是、但是、不过、那（么）"的功能和使用情况。进入21世纪后，受国内外英语话语标记研究的影响，国内学者开始关注汉语中的话语标记。国内对汉语话语标记的研究虽然起步较晚，但是对话语标记研究的热度一直不断上升，推动了汉语话语标记研究的发展。在汉语话语标记个案研究中，一般是研究某个或某类话语标记的语用功能；还有的学者对某些话语标记进行历时考察，分析其来源和形成过程。

最早将话语标记理论运用到汉语研究的国内学者是方梅（2000），她在《自然口语中弱化连词的话语标记功能》一文中，以收集的自然语料为素材，对汉语口语中弱化连词的话语标记功能进行了考察，认为弱化的连词已经不再表达某一个逻辑上的真值语义关系，而被用作组织言谈的话语标记。这些弱化连词主要有两方面的功能：话语组织功能和言语行为功能。在此基础上，方梅（2012）进一步对连词的言域用法与话语标记用法进行了比较，她认为，当话轮起始位置有不止一个连词同现的时候，用作话语标记的连词出现在言域用法连词之前。

■（二）对汉语话语标记的聚类研究

一些国内学者把汉语中的某些话语标记成分按照某种功能或形式特征作为一类进行考察。其中关注最多的是"看"类话语标记，如：曾立英（2005）和陈振宇等（2006）对"我看"和"你看"的功能与语用意义的描写；李宗江（2009）对"看你"类的研究；张旺熹等（2009）对"人称代词+看/说/想"类结构的考察。

其他类话语标记的研究有李宗江（2010、2013）对"我说"类以及由动词"是、对、知道"为中心形成的三类话语的研究；乐耀（2011）对"不是我说你"一类话语标记在言语交际中的主观性范畴和语用原则之间的互动关联的论证；张黎等（2011）对"那么""所以""然后"三个来源于逻辑连接词的话语标记的语境顺应、话语组织和人际互动功能的对比分析。另外还有曹秀玲等（2012）将"谁知""哪里知道""忽然"等成分作为超预期话语标记的研究；宋晖（2015）对"其实""问题是""怎么说呢""实际上"等作为转折话语标记的研究，等等。

■（三）对汉语话语标记的历时演变研究

有关汉语话语标记的研究，有不少关注其历时演变与形成过程，多运用主观化、虚化、词汇化等观点来解释这些话语标记的形成。曾立英（2005）探讨了"我看"和"你看"作为话语标记的形成过程；高增霞（2004a、2004b）和李宗江（2004、2006）都认为"完了"和"回头"是语法化的结果，李宗江（2004、2006）认为它们还经历了词汇化的过程；

董秀芳（2007）分析了"谁知道"和"别说"的演变，并认为其为词汇化的结果；李宗江（2009）提出"你看你""看你""你瞧你""瞧你"等演变是一个主观化和交互主观化的过程。李思旭（2012）通过对"别说""完了""就是"的虚化路径考察，认为话语标记是词汇化和语法化的结果。

■（四）从社会语言学角度对汉语话语标记的研究

国内有一部分研究，是从社会语言学角度切入的。如许家金（2005）对城市青少年自然口语中话语标记的话语功能的考察。他利用语料库，对八个多小时的青少年自然口语中的四大类话语标记进行了研究。张黎（2007）对现场促销中使用的由"看""说""想""知道"构成的几类人际性话语标记做了考察，从对听话人的制约角度，将其分为四类：一、引导感官关注，使用的主要成分是"你看"类成分；二、提示某种重要的或显而易见的结论或结果，也是使用"你看"类成分；三、发表观点及评价，主要使用"说、想"类成分；四、表示自己所讲的内容是对方所不了解或不懂的，主要使用"知道、明白"类成分。另外，王红斌（2007）对北京故宫导游词中话语标记"那么"的功能进行了研究。

■（五）对汉语方言话语标记的研究

在汉语各方言中所使用的话语标记存在一定差异，因此也有人研究方言中的话语标记。如李咸菊（2008）对北京话口语中的常用话语标记进行了研究。文章通过分析大量真实自然的北京口语语料，得到出现频率较高的四组话语标记；然后结合这些话语标记的来源、特征，运用不同的方法研究它们的形成过程、出现频率、使用模式、话语功能、与原有其他功能的差异、社会分布及其影响因素等，从而展示了北京口语常用话语标记的基本情况。另外，董思聪（2013）考察了重庆方言中几个含否定词"莫""不"的话语标记"你莫说""你莫看""你不晓得"等，发现这些标记中所包含的否定词均已不再具有否定意义，并指出词汇演变在其形成过程中起着重要作用。

■（六）从第二语言教学角度对汉语话语标记的研究

随着汉语作为第二语言教学的发展，话语标记学习与教学问题也逐渐引起汉语作为第二语言教学研究者的关注。刘丽艳（2006）从有代表性的中外学生在不同阶段运用第二语言进行口语交际的实际情况出发，对第二语言话语标记的习得过程和使用情况进行了考察，对话语标记的误用原因进行了分析，认为话语标记的误用与母语的负迁移效应和语码转换规则的过度泛化有关。姜迪（2007）考察了韩国留学生汉语口语中介语里面话语标记偏误的语用特征，同时从跨语言、跨文化的角度，对偏误类型进行分类，分析了偏误形成的原因，并据此提出了一些可能的解决方法及教学对策。王茜（2008）基于英语为母语的汉语学习者口语语料，较为全面地分析了中级汉语学习者在汉语口语交际环境下话语标记的使用情况。庞恋蕴（2011）考察了高级阶段汉语学习者话语标记语的习得情况、客观习得顺序、口语表达中的使用特点及元认知情况，分析了学生习得的深层次原因并结合调查结果探讨了教材编写与教学的策略。方梅（2013）对中高级阶段留学生使用汉语话语标记的情况进行考察分析，通过调查分析总结出留学生使用话语标记的特点，并为教学实践提出相应建议。易萍（2013）基于大量留学生汉语口语语料，对留学生在口语交际中出现的高频话语标记进行了具体的分析考察。阚明刚等（2013）分析了话语标记语体特征，对比分析了口语语体与书面语语体话语标记的种类、数量以及功能、位置上的差异，角度较为新颖，并且对汉语教学及教材编写提出了建议。

除了上述有一定系统性的研究之外，大量的研究成果都是针对具体的汉语话语标记成分的描写与分析，其中有些不在本研究界定的话语标记范围内。除上述研究之外的研究成果，下文将结合具体的话语标记成分描写加以介绍。

五、本研究与以往研究的不同

本研究参考了既有的话语标记理论，以其分析角度作为界定话语标记及具体描写话语标记成分的维度。在具体的描写与分析中，也会合理吸收和借鉴已有的相关研究成果，来对照和验证研究结论。但整体上，本研究在很多方面都与以往的研究有所不同。

（一）排除了被一些研究认作汉语话语标记的成分，如"什么、谁知道、你看你（你瞧你）、看你（瞧你）、别提了、算了、谁说不是、真是的"等。经过研究，我们认为这些单位有的是不可缺的句法结构成分，如指代说话人忘记或无法名状的事物的"什么、谁知道",这些成分不能去掉或去掉后影响句子的意义表达;有的可以独立成为话轮,如"你看你(你瞧你)、看你(瞧你)、别提了、算了、谁说不是、真是的"等,都可以在对话中独自成句构成一个话轮。按照本研究所确定的划分标准,它们都不是话语标记。

(二)在分类上,我们完全从交际行为出发,按照话语组织、人际互动和元语言的三分法进行功能分类,且认为三种功能是互斥的,即一个话语标记在具体的一次交际中,只具有一种功能。在每一功能下再划分出二级、三级功能。

(三)本研究完全基于真实的口语性质的语料进行分析,不使用凭语感自省举例的方法,以保证语料的可信性和同质性。同时,基于较大规模的语料库做适当的定量分析,以揭示话语标记的一些分布特征。

(四)已有的研究多侧重在话语标记的语篇、语用、交际功能研究,而本研究则采取形式与功能结合的分析方法,尽可能描写承担某种交际功能的话语标记的语音形式、结构形式、出现位置、组合限制等方面的特征,以更全面地揭示每个话语标记的使用规则。

第三节 研究目标及研究内容

本研究的目标是利用现有的汉语口语语料库,找出其中所有的话语标记成分,并对其功能、形式进行分类和统计,以揭示出汉语话语标记的基本面貌,并从中总结出汉语话语标记的特征,为丰富和完善话语标记的理论研究提供参考和借鉴。具体研究包括以下几方面内容:

一、话语标记成分统计。从语料中提取出所有的话语标记成分,并进行频率统计,以揭示此类成分的数量、使用度以及分布。通过统计,我们共发现了95个汉语口语话语标记成分。

二、话语标记成分的形式与结构的多角度统计与分析。对所有的话语标记成分的构成方式进行分类统计,包括来源、结构形式、变体等。

三、话语标记的线性分布特征。话语标记在语篇中可以出现在多种位置,包括语篇开头和结尾、句段前后、分句间、句中和句尾,有的位置固定,有的位置相对自由,我们对这些位置进行了统计、分类。

四、话语标记的语用意义与功能。对所有检索出来的话语标记成分进行语用与交际功能的描写与分析，首先按照话语标记理论将其分为话语组织功能、元话语功能和人际互动功能三大类，然后逐一分析每个成分的功能与分布特征，以清楚地揭示它们的用法。

五、对话语标记理论的反思。根据汉语话语标记的研究成果对现有的话语标记理论进行可能的补充和修正。

第四节　语料来源及说明

本研究采用定量和定性相结合的研究方法，首先从语料中筛选出各种话语标记成分，然后对各种功能、形式的话语标记及其分布进行分类统计。在此基础上，对各种话语标记的功能、使用条件进行分析和描写。在检索和统计语料时，主要使用了日本的 antconc3.2.4w 语料分析软件进行统计分析。

本研究所依据的语料总计约 1110 万字左右，来源有：

一、中国传媒大学有声语言资源语料库的口语对话体语料，选取其中 2007 年至 2012 年的电视访谈节目部分语料，这些节目包括：7 日 7 频道（例句来源标记为"qrqp"）。以下节目名称后的字母组合皆为语料来源简写形式）、人与社会（rysh）、今日体育快评（jrty）、今日关注（jrgz）、今日论坛（jrlt）、名人面对面（mrmd）、商务时间（swsj）、乡约（xy）、头脑风暴（tnfb）、实话实说（shss）、对话（dhua）、心理访谈（xlft）、法制天地（fztd）、秋雨时分（qysf）、第七日（dqr）、财富人生（cfrs）、财富故事会（cfgs）、面对面（mdm）、马斌读报（mbdb）、海峡两岸（hxla）、鲁豫有约（lyyy）、锵锵三人行（qqsrx）。这些节目是现场对话的形式，而非一般的新闻播报的形式，所以可以体现出口语的特点。该部分语料共 1391 个文本，总计 890 万字左右。

二、北京语言大学的北京话口语语料库全部语料（例句来源标识为"北语 BJKY"），共计 180 多万字。

三、由课题组成员自采并转写的口语语料（文中例句后不标出处），主要是商品专卖店销售人员与顾客对话的语料，总计 40 万字左右。

四、有几个根据语感发现的话语标记在上述语料库中没有出现，我们

17

在北京语言大学 BCC 现代汉语语料库的微博部分进行检索，得到其例句，并算出其出现频率，补充进本书的条目（语料来源标记为"BCC 微博"）。但该语料库的容量非常大，其基数与其他绝大部分条目语料来源的基数不匹配，不应合并统计，所以这些条目虽标记出现频率，但不计入本书全部话语标记条目的总频率中。书中凡出现这些话语标记频率之处都用"*"标示。

本书所引用语料除非能够确定转写文本有明显的笔误（如"阴凉"写成了"炎凉"），其他都保持原貌。

第二章
汉语口语话语标记的分类与统计

第一节 话语标记的界定与分类

一、话语标记的界定

系统功能语言学在结构语言的基础上,强调语言的社会功能。Halliday(1994)认为语言有三大纯理功能或元功能(metafunction),即概念(ideational)功能、人际(interpersonal)功能和语篇(textual)功能。由于没有概念义,话语标记主要承担人际功能和语篇功能。综合前人的研究理论和成果,本研究认为话语标记是那些口语交际中才出现的不具有概念和逻辑意义、独立于所在上下文句法结构之外的、只具有话语交际功能的语言成分。我们将话语标记的特征概括为以下几点:

首先,本书的研究对象是汉语口语中的话语标记,关注的是口语交际中一些语用表达式,因此不包括一些书面语中才会出现的语用标记,比如"众所周知""依我之见",等等。

其次,从语义层面看,话语标记具有程序意义。程序意义是与概念意义相对而言的。概念意义是指话语的语义表征或者命题意义,它直接参与概念表征的构建,提供话语理解推理过程的输入内容,其研究对象是能够编码概念表征的语言形式。程序意义不参与概念表征的构建,它与话语理解中的推理有关,是对推导话语的含义或交际意义起制约作用的信息。

第三,从句法层面看,话语标记具有句法上的独立性。这一标准和

Fuller（2003）提出的判断话语标记的两条标准之一即"删除标记语后的话语仍然合乎语法"一致。话语标记不是所在句子结构的必要组成成分，去掉以后不影响句子结构的完整性，也不破坏或改变句子间的逻辑关系和表达的连贯性。另外，话语标记本身没有组合能力，不能与相邻成分一起构成更大的句法单位。

综合已有研究结论，我们对话语标记概念采取如下定义：不具有概念和逻辑意义、独立于所在上下文句法结构之外的、只具有话语交际功能的成分。

二、话语标记的判定标准

在具体的操作中，同时满足以下七个标准的才能认作是话语标记。

（一）不具有真实、明确的概念—命题意义，与所使用的成分或结构的字面意义明显不同，并且不能从其构成成分推理其语义及语义组合关系。如"你看，我说对了吧？"当中的"你看"并不是要求对方真的用眼睛观察什么，只有交际意义，没有实在意义。

（二）只用于口语交际和以口语体或仿拟口语交际写成的书面语，如果将话语标记所在的话语表达序列（句段、语段或语篇）改写成纯书面语体的话，则这些成分一般不会使用。

（三）在言语交际和表达过程中，即使去掉这些话语标记成分，也不影响语言陈述内容的概念、命题信息的完整性，同时，也不会影响其前后的句法结构单位或话语序列单位之间的逻辑和语义连贯关系。例如，很多话语标记形式上借用现成的汉语虚词（主要是语气词和连词），虚词没有概念—命题意义，但具有表达情态或逻辑关系的意义，当它们作为话语标记使用的时候，则不再表达某种情态或逻辑关系，所以可以去掉而不造成意义缺失或逻辑不清。如作为话语标记的"那么、然后"并不具有它们作为连接词使用时表示因果、时间顺序的意义。同样，"啊"作为话语标记时，也不再具有表达惊叹、感叹等情感的作用，不使用也不会改变情感表达。正因如此，以前一些被作为话语标记分析的熟语化单位，如"众所周知、由此可见、简而言之"等，仍然具有逻辑连接作用，去掉会影响语篇结构及内在逻辑的衔接与连贯，就不能看作是话语标记。

（四）不与相邻的句法成分构成更大的句法单位，或即使形式上可以与相邻成分构成句法结构关系，但不构成可论证的语义结构关系或论元关系，其有无也并不影响其所处的句法结构的完整性与合法性。如"我说你能安静一会儿吗"看似"我说"支配后面的宾语"你能安静一会儿吗"，但其间的语义关系不可论证，并不构成真正的句法结构关系。

（五）不能单独构成一个话轮，即一个人的一轮不受打断的发话过程中，不能只出现这个成分而无其他的句子。因为话语标记不具有真实概念——命题意义以及情态意义，所以它不能独立用于交际。典型的像汉语的语气词"啊、嗯、哎"等，它们作为语气词，可以单独构成起始话轮或回应话轮（典型的是作为反馈信号），这时所承担的功能是其语气词的情态功能，而不是作为元语言或人际互动的话语标记功能。

（六）在语调上，话语标记成分往往可以与其所指向的句子构成一个完整的语调单位，但一般不会成为整个语调单位的唯一焦点重音所在。当话语标记出现在话轮开端时，听话者可以从语调变化上判断出其后还有话；当话语标记出现在其他句子后面时，听话者也能感觉到前面的句子并不是话轮的结束。这是话语标记作为非独立的语言表达单位的特征。

（七）在话语标记的前后都可以有语音停顿，使其与其他句法单位分离。

三、话语标记分类系统

对于话语标记的分类，实际上可以从多个角度分类，包括来源、形式、分布、功能等角度。

（一）从来源上，话语标记分为专用的和借用的两类。专用的话语标记是专门用作话语标记的成分，如"说白了"等；借用的话语标记来源于已有的词汇或现实的短语、句子，并且有其作为一般的句法单位使用的实在意义。

（二）从结构稳定性上，话语标记可以分为固化格式和可变形格式。有的话语标记只有一种语言形式，不会发生变化，我们称之为固化格式。而有些话语标记成分，在意义和功能完全相同的情况下，构成成分可以有些变化，可以增加某些组合成分，或者某个构成成分可以用同义成分替代，如"我的意思是"也可以说成"我的意思是说"，"我跟你说"也可以说成"我跟你讲"，等等。这些就是可变形话语标记。

（三）从结构形式上，话语标记分为由单句、短语和单词构成的三类，其中的单词类又可以分为由语气词、代词、连词等构成的多种情况。

（四）从分布上，话语标记在序列中的位置有固定和不固定两种，我们分别称之为定位话语标记和不定位话语标记。不定位话语标记又分为语篇开头和结尾、句段前后、分句间、句中和句尾等多种情况。

（五）从交际功能上，话语标记分为话语组织、人际互动和元语言三种功能。每种功能下又可分别按其所承担的具体交际意义和功能进一步分类。

第二节　语料中发现的话语标记统计

本研究项目在 2014 年结束的时候，总共发现了 91 个汉语口语的话语标记（见张黎等，2016），但在此后进一步的研究中又发现了几个话语标记，并通过扩大语料检索范围，找出了它们的用例。同时又将原来考察的一个成分（"干/做什么呢"）认作非话语标记而剔除。这样最后共认定了 95 个话语标记成分。按照功能、用法的一致性对这些话语标记进行进一步考察，发现其中有些用同样的文字转写但其实际语音特征以及功能有两个以上，我们就将其作为不同的话语标记处理。如"啊"，有寻求反馈和自我反馈的人际互动功能，也有协调关系的人际互动功能，三种情况的语音表现也不同，所以将其分为三个话语标记，分别用"啊$_1$、啊$_2$、啊$_3$"标注。另外，有些话语标记之间，构成成分相似，但功能和分布完全一样，如"这样"和"这样子"，"告诉你"和"我告诉你"，这可以看作是同一个话语标记的不同变体，将其合并为一个话语标记处理。

上述 95 个话语标记，在语料中可以确认的出现总频率为 46527 次（不计算来自 BCC 微博语料的"不是我说你""好不好""好嘛"，以下各种统计同样处理），平均每 230 个字左右出现一个。因为本研究依据的语料以电视对话转写语料为主，电视节目中的对话本身语体偏正式，而且转写者并非完全一字不差地转写，一些话语标记会被当作无意义的话而略掉，所以，实际上的话语标记会更多。这里的统计只是一个大致的倾向，不具有绝对的统计学意义。考察结果发现，各话语标记的常用度是很不均衡的。在全部 95 个话语标记中，出现频率最高的是填补空白的"嗯$_1$"，共出现 11118 次，占总频率的近四分之一，远远高于其他话语标记。使用频率超过 1000 的有 9 个，它们合起来的使用频率为 31772 次，占话语标记总出现频率的 68%；其余的 76 个话语标记使用频率合计只占 32%。如果截取前 20% 高频项目，即 19 个，则其使用频率总和达到 38552 次，占全部使用频率的 83%。而使用频率排在最后的 20%，即 19 个话语标记，合计出现频率才 167 次，仅占总频率的 0.36%。所以，最常用的话语标记只有不到 20 个，绝大多数话语标记是很少使用的。(参见表 1)

上述统计分析表明，不同的话语标记在实际交际中的使用价值不同，有些是难以回避的，而有些则不是必须使用的。总体上，承担话语组织功能的标记整体使用频率最多，且使用频率最高的前三个都是话语组织功能的标记，由此可以推断，在话语组织中更需要使用话语标记。

表 1 语料中认定的话语标记统计表（按出现频率排列）

排序	话语标记条目及频率	功能分类	计数
1	嗯$_1$（11118）	话语组织	1
2	这个$_2$（5465）	话语组织	2
3	那个$_2$（3023）	话语组织	3
4	（也）就是（说）$_1$（2685）	元语言	4
5	（也）就是（说）$_2$（2634）	元语言	5
6	你（2434）	元语言	6
7	啊$_2$（1785）	人际互动	7
8	嗯$_2$（1589）	元语言	8
9	那么$_2$（1039）	话语组织	9
10	你看$_1$（949）	人际互动	10
11	我想（913）	元语言	11
12	那$_1$（869）	话语组织	12
13	然后$_2$（863）	话语组织	13
14	那$_2$（706）	话语组织	14
15	哈（592）	人际互动	15
16	是吧（503）	人际互动	16
17	你说$_2$（484）	人际互动	17
18	好嘛$_2$（465*）	元语言	18
19	我跟你说/讲（455）	人际互动	19

（续表）

排序	话语标记条目及频率	功能分类	计数
20	对（446）	元语言	20
21	你/您知道（436）	人际互动	21
22	我看（418）	元语言	22
23	哎$_4$/唉$_3$（417）	人际互动	23
24	完了（389）	话语组织	24
25	好不好（379*）	元语言	25
26	大家/我们（都）知道（373）	人际互动	26
27	可以说（359）	元语言	27
28	你想（296）	人际互动	28
29	那么$_1$（272）	话语组织	29
30	是不是（264）	话语组织	30
31	（你/您/你们/大家）知道吗$_1$（241）	人际互动	31
32	（你/您）知道吗$_2$（237）	人际互动	32
33	好$_2$（232）	话语组织	33
34	对吧（225）	人际互动	34
35	所以$_1$（215）	话语组织	35
36	我说$_1$（205）	元语言	36
37	要我说（201）	元语言	37
38	（你/您）知道吧（189）	人际互动	38
39	你想想（看）（173）	人际互动	39
39	（我/我们）说实在的（173）	元语言	40
40	对不对（154）	人际互动	41
40	那个$_1$（154）	话语组织	42
41	（那）（你/咱们）（要不）这样（吧）$_2$（151）	人际互动	43
42	所以$_2$（146）	话语组织	44
43	（它/他/你）这个$_1$（131）	话语组织	45
44	你说$_1$（126）	人际互动	46
45	我的意思（就）是（说）（123）	元语言	47
46	（你）瞧（108）	人际互动	48

第二章 汉语口语话语标记的分类与统计

（续表）

排序	话语标记条目及频率	功能分类	计数
47	（咱/咱们）说实话（107）	元语言	49
48	好$_3$（94）	话语组织	50
49	（这/这话）（该）怎么说呢（88）	元语言	51
50	我说$_2$（87）	人际互动	52
51	（它）是这样（子）（的）$_2$（84）	元语言	53
52	啊$_1$（83）	元语言	54
53	好家伙（77）	元语言	55
54	好$_1$（63）	话语组织	56
55	（就）这样（子）（的）$_1$（62）	话语组织	57
56	（它/这）说起来（61）	元语言	58
57	然后$_1$（54）	话语组织	59
58	（你/您）（也）（还）（真）别说（47）	元语言	60
59	（你/你们）看看（45）	人际互动	61
60	那什么$_1$（42）	话语组织	62
60	说白了（42）	元语言	63
61	（咱们/我/我们）（跟你/您）这么说吧（39）	元语言	64
62	（我）告诉你$_1$（37）	元语言	65
63	（你）看（36）	人际互动	66
64	（我/咱/这）说真的（33）	元语言	67
65	（就）是这样（子）（的）$_1$（31）	话语组织	68
66	我问你（30）	人际互动	69
67	我说你（29）	人际互动	70
68	（你/您/你们）听我说（28）	人际互动	71
69	哎$_1$/唉$_1$（27）	元语言	72
70	不是（26）	元语言	73
70	他妈（的）（26）	元语言	74
71	我是说（22）	元语言	75
72	不是我说你（们）（21*）	元语言	76
73	哎$_2$（21）	元语言	77

（续表）

排序	话语标记条目及频率	功能分类	计数
74	对了₁（20）	话语组织	78
	好的₂（20）	话语组织	79
75	哎₃/唉₂（19）	元语言	80
76	你看₂（18）	人际互动	81
77	对了₂（16）	元语言	82
78	老实说（10）	元语言	83
79	（我）告诉你₂（9）	元语言	84
80	好嘛₁（6）	元语言	85
	你说说（6）	人际互动	86
81	（我/咱）不瞒你（们）/您说（4）	元语言	87
	（你）听着（4）	人际互动	88
82	好了（3）	话语组织	89
	那什么₂（3）	人际互动	90
	（咱们）说（得）明白点（吧）（3）	元语言	91
83	我敢说（2）	元语言	92
84	啊₃（1）	人际互动	93
	好的₁（1）	话语组织	94
	实话说（1）	元语言	95

（注：上表话语标记条目中，"（ ）"表示里面的成分可以不出现，而话语标记的意义和功能不变；"/"表示其前后的成分可以互相替换且意义和功能不变；"*"表示来自"BCC 微博"语料库。）

第三节 话语标记来源分类

从来源上，话语标记分为专用的和借用的两类，专用的话语标记是专门用作话语标记的固定单位；借用的话语标记来源于已有的词汇或现实的短语、句子，并且有其作为一般的句法成分或单位使用的实在意义。如"实话说"的组合形式，其字面意义是"如实告知"，但在现实的汉语里并没有这个组合，不构成有命题意义的句法结构，所以它是专用的话语标记；而字面意义相同的"说实话"则是现实的组合形式，表示"如实告知"的命题意义，所以它是将现实的语言表达形式"借"用作话语标记，而不再具有"如实告知"的真实命题意义。语料中的95个话语标记成分中共有6个专用话语标记和89个借用话语标记。专用话语标记如下（按核心固定成分音序排列，下同）：

1. （我/咱）不瞒你（们）/您说
2. 哈
3. 那什么$_1$
4. 那什么$_2$
5. 实话说
6. 说白了

借用话语标记为：

1. 啊$_1$
2. 啊$_2$
3. 啊$_3$
4. 哎$_1$/唉$_1$
5. 哎$_2$
6. 哎$_3$/唉$_2$
7. 哎$_4$/唉$_3$
8. （你/您）（也）（还）（真）别说
9. 不是
10. 不是我说你（们）
11. 大家/我们（都）知道
12. 对
13. 对吧
14. 对不对
15. 对了$_1$
16. 对了$_2$
17. （我）告诉你$_1$
18. （我）告诉你$_2$
19. 好$_1$
20. 好$_2$
21. 好$_3$
22. 好不好
23. 好的$_1$
24. 好的$_2$
25. 好家伙
26. 好了
27. 好嘛$_1$
28. 好嘛$_2$
29. （也）就是（说）$_1$
30. （也）就是（说）$_2$
31. （你）看
32. （你/你们）看看
33. 可以说
34. 老实说
35. 嗯$_1$
36. 嗯$_2$
37. 那$_1$
38. 那$_2$
39. 那个$_1$
40. 那个$_2$
41. 那么$_1$
42. 那么$_2$

43. 你
44. 你看₁
45. 你看₂
46. 你说₁
47. 你说₂
48. 你说说
49. 你想
50. 你想想（看）
51. 你/您知道
52.（你）瞧
53. 然后₁
54. 然后₂
55. 是吧
56. 是不是
57.（就）是这样（子）(的)₁
58.（它）是这样（子）(的)₂
59.（咱们）说（得）明白点（吧）
60.（它/这）说起来
61.（咱/咱们）说实话
62.（我/我们）说实在的
63.（我/咱/这）说真的
64. 所以₁
65. 所以₂
66. 他妈（的）
67.（你/您/你们）听我说
68.（你）听着
69. 完了
70. 我的意思（就）是（说）
71. 我敢说
72. 我跟你说/讲
73. 我看
74. 我说₁
75. 我说₂
76. 我是说
77. 我说你
78. 我问你
79. 我想
80. 要我说
81.（这/这话）（该）怎么说呢
82.（它/他/你）这个₁
83. 这个₂
83.（咱们/我/我们）（跟你/您）这么说吧
85.（就）这样（子）(的)₁
86.（那）(你/咱们)(要不)这样（吧）₂
87.（你/您）知道吧
88.（你/您/你们/大家）知道吗₁
89.（你/您）知道吗₂

第四节　话语标记的形式分类

话语标记无论是从形式方面还是从功能方面都可以进行更细致的多角度分类。以往对话语标记的研究主要侧重在语篇（话语）功能、语用与交际功能的研究，而本书则从形式到功能进行多角度研究。通过对语料的考察，可以对汉语话语标记的形式从结构形式、结构稳定性和线性分布等三个方面进行分类。

一、结构形式

从结构形式看，话语标记分为由单词和短语构成的两类，其中的单词类又可以分为由语气词、代词、连词等构成的情况。

（一）单个词汇构成的话语标记

语料中由单个词汇构成的话语标记共有33个，其中最多的是由语气词构成的。

由语气词构成的话语标记共10个，从来源看，只有"啊、哎、嗯、哈"四个基本成分：

1. 啊$_1$
2. 啊$_2$
3. 啊$_3$
4. 哎$_1$/唉$_1$
5. 哎$_2$
6. 哎$_3$/唉$_2$
7. 哎$_4$/唉$_3$
8. 哈
9. 嗯$_1$
10. 嗯$_2$

由连词构成的话语标记共8个，来自四个同形词"那么、然后、所以、就是"：

1. （也）就是（说）$_1$
2. （也）就是（说）$_2$
3. 那么$_1$
4. 那么$_2$
5. 然后$_1$
6. 然后$_2$
7. 所以$_1$
8. 所以$_2$

这些标记都是承担话语组织功能的，与其本来的逻辑连接功能有关联。

由代词构成的话语标记共9个，除了一个借用人称代词"你"外，基本都是由"这、那"语素构成的指示代词：

1. 那$_1$
2. 那$_2$
3. 那个$_1$
4. 那个$_2$

5. 你

6. （它/他/你）这个$_1$

7. 这个$_2$

8. （就）这样（子）（的）$_1$

9. （那）（你/咱们）（要不）这样（吧）$_2$

由形容词构成的话语标记共4个，只有"对、好"两种词形：

1. 对

2. 好$_1$

3. 好$_2$

4. 好$_3$

这几个成分作为一般形容词使用时都可以独立成句，而在作为话语标记使用时也具有不依附于其前后语句的特点，即前后都有停顿，也不与其他成分组合，相对独立。

由动词构成的话语标记只有两个，都来自于表示"看"义的动词：

1. （你）看

2. （你）瞧

■（二）短语构成的话语标记

由短语构成的话语标记共62个：

1. （你/您）（也）（还）（真）别说
2. （我/咱）不瞒你（们）/您说
3. 不是
4. 不是我说你（们）
5. 大家/我们（都）知道
6. 对吧
7. 对不对
8. 对了$_1$
9. 对了$_2$
10. （我）告诉你$_1$
11. （我）告诉你$_2$
12. 好不好
13. 好的$_1$
14. 好的$_2$
15. 好家伙
16. 好了
17. 好嘛$_1$
18. 好嘛$_2$
19. （你/你们）看看
20. 可以说
21. 老实说
22. 那什么$_1$
23. 那什么$_2$
24. 你看$_1$
25. 你看$_2$
26. 你说$_1$
27. 你说$_2$
28. 你说说
29. 你想
30. 你想想（看）

31. 你/您知道
32. 实话说
33. 是吧
34. 是不是
35. （就）是这样（子）（的）$_1$
36. （它）是这样（子）（的）$_2$
37. 说白了
38. （咱们）说（得）明白点（吧）
39. （它/这）说起来
40. （咱/咱们）说实话
41. （我/我们）说实在的
42. （我/咱/这）说真的
43. 他妈（的）
44. （你/您/你们）听我说
45. （你）听着
46. 完了
47. 我的意思（就）是（说）
48. 我敢说
49. 我跟你说/讲
50. 我看
51. 我是说
52. 我说$_1$
53. 我说$_2$
54. 我说你
55. 我问你
56. 我想
57. 要我说
58. （这/这话）（该）怎么说呢
59. （咱们/我/我们）（跟你/您）这么说吧
60. （你/您）知道吧
61. （你/您/你们/大家）知道吗$_1$
62. （你/您）知道吗$_2$

这些话语标记大多含有表示"听、说、想"义的动词，并可以与人称代词组合，多为人际互动或元语言标记。这也是话语标记作为调整言语交际过程的表现，凸显的是说话人此时在做什么，以及期待听话人有何反应。

二、结构稳定性

我们所说的结构稳定性是指话语标记表面形式的构成成分上是否可以部分添加或替换，据此分为固化格式和可变格式两类。前者指的是只有一种语言形式，不会发生变化的话语标记。后者指的是在意义和功能相同的情况下，构成成分可以有些变化，可以增加某些组合成分，或者某个构成成分可以用同义成分替代的话语标记。话语标记多数都不具有形式上的句法组合能力，只是有些可以添加或去掉某些成分，但其功能和分布不变，可以看作是同一个成分的变体。其中最常见的是添加"啊、呢、吧、的、了"等虚词的情况，这基本限于话语标记处于所指向的话语序列之前的情况。但这不影响话语标记的表面结构形式，这也是汉语语气词丰富、使用比较自由的特点的体现，本研究不将可添加语气词作为话语标记结构形式的可变特征。

具有可变特征的话语标记中，一种是可与"你、我"之类的代词成分组合，如"（你）听着""（咱/咱们）说实话"；另一种是可以去掉或添加某些成分，如"我的意思（就）是（说）""你想想（看）"；或者可以用同义语素替换其中的某个成分，如"我跟你说"也可以说成"我跟你讲"等。经过观察，我们认为，这种部分成分可变的情况，整体上不影响其交际功能或与前后序列的组合能力，只有进一步突出说话人身份、唤起听话人注意或增加话语组织与调节时间的作用，有些是方言或语体的差异。所以，这些变体形式可以看作是自由变体。

语料中出现的具有可变性的话语标记共有32个：

1. （你/您）（也）（还）（真）别说
2. （我/咱）不瞒你（们）/您说
3. 不是我说你（们）
4. 大家/我们（都）知道
5. （我）告诉你$_1$
6. （我）告诉你$_2$
7. 我跟你说/讲
8. （也）就是（说）$_1$
9. （也）就是（说）$_2$
10. （你）看
11. （你/你们）看看
12. 你想想（看）
13. 你/您知道
14. （你）瞧
15. （就）是这样（子）（的）$_1$
16. （它）是这样（子）（的）$_2$
17. （咱们）说（得）明白点（吧）
18. （它/这）说起来
19. （咱/咱们）说实话
20. （我/我们）说实在的
21. （我/咱/这）说真的
22. （你/您/你们）听我说
23. （你）听着
24. 我的意思（就）是（说）
25. （这/这话）（该）怎么说呢
26. （它/他/你）这个$_1$
27. （咱们/我/我们）（跟/您）这么说吧
28. （就）这样（子）（的）$_1$
29. （那）（你/咱们）（要不）这样（吧）$_2$
30. （你/您）知道吧
31. （你/您/你们/大家）知道吗$_1$
32. （你/您）知道吗$_2$

其他标记均为不可变标记。

三、出现位置分布

从分布看,话语标记在话轮序列中的位置有固定和不固定两种,我们分别称之为定位话语标记和不定位话语标记。定位话语标记可以分为:一、前置话语标记——只出现在其功能所依附和指向的话语序列之前;二、后置话语标记——只出现在所依附和指向的话语序列之后;三、中置话语标记——只出现在两个话语序列之间。

(一)不定位话语标记

语料中的不定位话语标记占绝大多数,共有64个:

1. 啊$_1$
2. 啊$_3$
3. 哎$_1$/唉$_1$
4. 哎$_2$
5. 哎$_3$/唉$_2$
6. (你/您)(也)(还)(真)别说
7. (我/咱)不瞒你(们)/您说
8. 不是我说你(们)
9. 大家/我们(都)知道
10. 对
11. 对吧
12. 对不对
13. 对了$_1$
14. (我)告诉你$_1$
15. (我)告诉你$_2$
16. 好$_2$
17. 好家伙
18. 好了
19. (也)就是(说)$_1$
20. (也)就是(说)$_2$
21. (你)看
22. (你/你们)看看
23. 可以说
24. 老实说
25. 嗯$_1$
26. 嗯$_2$
27. 那个$_2$
28. 那什么$_1$
29. 那什么$_2$
30. 你看$_1$
31. 你看$_2$
32. 你说$_1$
33. 你说$_2$
34. 你说说
35. 你想
36. 你想想(看)
37. 你/您知道
38. (你)瞧
39. 实话说
40. 是不是

41. 说白了
42.（咱们）说（得）明白点（吧）
43.（它/这）说起来
44.（咱/咱们）说实话
45.（我/我们）说实在的
46.（我/咱/这）说真的
47. 他妈（的）
48.（你/您/你们）听我说
49.（你）听着
50. 我的意思（就）是（说）
51. 我敢说
52. 我跟你说/讲
53. 我看
54. 我是说
55. 我说$_2$
56. 我说你
57. 我问你
58. 我想
59. 要我说
60.（这/这话）（该）怎么说呢
61. 这个$_2$
62.（你/您）知道吧
63.（你/您/你们/大家）知道吗$_1$
64.（你/您）知道吗$_2$

汉语中话语标记以不定位的为主，这与对英语的研究，以及一些汉语研究者的看法有些出入。

(二) 定位话语标记

语料中的定位话语标记一共有31个，其中前置标记19个，多为话语组织标记：

1. 哎$_4$/唉$_3$
2. 不是
3. 对了$_2$
4. 好$_1$
5. 好$_3$
6. 好的$_1$
7. 好的$_2$
8. 好嘛$_1$
9. 那$_1$
10. 那个$_1$
11. 那么$_1$
12. 你
13. 然后$_1$
14.（它）是这样（子）（的）$_2$
15. 所以$_1$
16. 我说$_1$
17.（它/他/你）这个$_1$
18.（咱们/我/我们）（跟你/您）这么说吧
19.（那）（你/咱们）（要不）这样（吧）$_2$

后置标记 7 个，话语组织、元语言和人际互动标记都有。后置话语标记较多是汉语的一个特点：

1. 啊$_2$
2. 哈
3. 好不好
4. 好嘛$_2$
5. 是吧
6. （就）是这样（子）（的）$_1$
7. （就）这样（子）（的）$_1$

中置标记 5 个，都是起话轮延续作用的标记：

1. 那$_2$
2. 那么$_2$
3. 然后$_2$
4. 所以$_2$
5. 完了

总体上看，多数汉语的话语标记位置比较灵活，特别是人际互动标记和元语言标记。人际互动标记是保持或调节与交际对象的关系以及交际进程，在说话人感觉需要调节时就可以随时使用；元语言标记是为了对说话的信息内容进行加工以突出某种效果，也可以在任何说话人觉得进行必要处理的地方插入。所以，上述两种功能的话语标记在话语序列中出现的位置就更自由，所受限制少。而话语组织功能标记，特别是承担交际启动、交际转换及话轮转换的标记则受到交际进程的限制，只能出现在相应的转换位置。同样，话轮延续标记的功能是保持话轮延续，一定出现在话轮中间的两个话语序列单位之间。相反，填补空白的话语组织标记，因为发话空白随时可能出现，所以填补空白的标记就可能在任何位置出现。

第五节 话语标记的功能分类

经过考察研究，并综合已有研究成果，我们认为话语标记从交际功能上可以划分为话语组织、元语言和人际互动功能三种，且每一类下所属的话语标记项目与其他下属的项目互斥，也就是不承认一个话语标记同时具有上述两种以上的功能。我们按照上述三大分类对每个话语标记进行统计和分析。

一、话语组织功能标记

承担话语组织功能的话语标记（以下简称话语组织标记）是指说话人为了顺利地、连贯地进行言语交际而使用的一些引导和连接语句的成分，其作用是标记话轮的启动、延续，以及提示各语句之间意义的连贯性和相关性，以使听话人明白新的话轮开始或话轮还在延续，以及说话人要说什么功能和内容的话。这种话语标记承担着组织话语（语篇）的功能，但它不同于一般的连词，它不表示话轮当中各句子之间的逻辑关系，尽管这类成分常借用一般的连词，但已经不再具有这些连词原来的语义，即使去掉也不影响其前后语句的逻辑关系。

本研究所说的话语的概念，以往的一些学者也称其为语篇（discourse）或篇章（text），是与句子及句法相对的概念，指大于单句的句段等超句语言单位。早期对篇章的研究，大都倾向于研究书面语体语言作品或独白体的口语；而后来研究话语分析的学者在使用语篇或话语的概念时，比较倾向于兼顾书面语、独白口语以及对话体口语，实际上是用语篇概念统括了书面语和口语。郑贵友（2002）认为应该区分两组概念，话语应该专指口语，篇章应专指书面语。我们赞同这种区分，这样可以从语体上界定二者各自的研究范围，具体到话语标记，有利于口语和书面语中话语标记研究的系统化、规范化和科学化。因此本书使用话语组织标记的概念。

已有的从语篇或话语概念对话语标记的研究集中在对其功能的研究，不同的学者有着不同的界定和分类。闫涛（2002）认为话语标记的语篇功能是指说/作者通过运用话语标记把意义上相互联系的话语单位连接起来，从而生成一个语义连贯的篇章。他认为被连接的话语单位在意义上必须是连贯的，也就是说只有意义上相互联系的话语单位之间才有可能使用话语标记。因此，说/作者用与不用话语标记，用什么样的话语标记不是绝对的，说/作者可以根据语境、上下文、话/命题等情况做出选择，听/作者由此而进行解读。另外，根据分析话语标记在语篇的建构过程中的运用情况，他把英语中的话语标记的语篇功能归纳为：语篇衔接功能、语篇接续功能、语篇限定功能、语篇囊括和预示功能。

李勇忠（2003）认为话语标记的语篇组织功能是指说话人通过话语标记把零碎的不连贯的话语组织成连贯的话语。话语标记在语篇组织方面最突出的作用是组织话语，构建交际语境，保持话语意义连贯。此时的话语标记可使说话人突出话语的主题结构，标识语段之间衔接与连贯，确保听话人获得一个有意义的完整的图景，从而理解话语真实含义。

刘丽艳（2005）对话语标记的语篇组织功能进行了研究。交际活动的连贯性既包含形式连贯，也包含内容连贯。她认为话语标记的语篇组织功能可以分为形式连贯功能和内容连贯功能。其中形式连贯功能可以分为整体形式连贯功能（包括设立交际活动的起始标记、终结标记和话轮的转接和延续）和局部形式连贯功能（包括占据话轮功能和延续话轮功能）。

可以看出，上述学者分别从不同的角度对话语标记的语篇组织功能进行了研究。冉涛（2002）的分类侧重从单个话语标记意义的角度对话语标记的语篇组织功能进行了分类概括，虽然其研究是基于英语话语标记的，但其分类对研究汉语话语标记的语篇组织功能仍有借鉴意义。李勇忠（2003）只是对话语标记的语篇组织功能和人际互动功能进行了界定，没有给出具体的分类体系。刘丽艳（2005）分别从形式和内容两个方面对话语标记的语篇组织功能进行了分类，主要是从话轮的角度，侧重分析话语标记在话轮中的功能。

我们从对言语交际活动所起的作用方面，将汉语口语话语组织标记分为交际进程标记和话轮控制标记两大类。其中交际进程标记再按照交际进程的阶段分为交际启动标记、交际转换标记和交际结束标记三个小类；话轮控制标记又分为话轮转接标记、话轮延续标记和填补空白标记三个小类。交际进程标记是调节整个会话交际行为的，而话轮控制标记是处理会话的一方参与者的话语。

二、元语言功能标记

元语言本是逻辑学的概念，二十世纪三四十年代，波兰逻辑学家塔尔斯基提出了"元语言"的理论。他认为，人们用来谈论周围世界的语言为第一级语言——"对象语言"，而用来谈论对象语言的语言为第二级语言——"元语言"。迄今为止，学术界对元语言的理解也不尽一致。现代诗学理论的奠基人 Jakobson（1960）在传统语言学模式区分的三种功能（情感功能、意动功能和指称功能）的基础上提出，从这个三分法模式中可以"轻而易举地"推出别的语言功能，即诗学功能、寒暄交际功能和"元语言"功能。此处的"元语言"功能即指常规语言在日常生活中的对等"解释"(glossing)功能。语言学词典大都以元语言的本体性特征为出发点界定元语言,强调其有别于自然语言的"人工性"和不同于普通语言的"技术性",但在举例时几乎都要提到 Jakobson(1960)指出的发挥"元语言"功能的"普通"语言。McDough(2000)提出,应该正确区分两种不同的"元语言学",第一种是"把语言作为对象语言的概念"(language-as-an-object conception),第二种是"把语言作为第二级反映/思考"(as a second-order reflection of language)的手段。J. L. Mey 认为,元语言是一种关于语言的语言,一种高于对象语言一个层次的语言。(转引自安华林,2005)国内也有研究者对元语言概念提出了自己的看法。刘福长(1989)认为,用以代表或指称外部世界事物的语言叫作"对象语言",用以描述或解释语言本身的语言叫作"元语言"。刘森林(2001)认为,"元语言"指用来对目标语进行描述、评论和观察的语言,目标语则是被元语言描述的对象。

纵观学界对元语言这一概念的解释,可以看出,学者们普遍同意把元语言当作独立于常规语言的另一种语言和系统,是一种高一层级的语言,如辞书释义元语言和语言教学元语言。同时他们也都承认,普通语言当作元语言的使用,也属于元语言,而且他们都在不同程度上以 Jakobson(1960)的论述作为证据。也就是说,语言学所提到的元语言既指代语言学家描述和解释语言的工具,也指代普通人语言交际过程中确认和解释语码的重要手段。Locke(1959)指出,语言作为交流的媒介,其不足之处是"不完美",因为我们无法知道一个说话人与听话人之间是否用同样的词汇表达同样的思想。因此 Taylor(1997)从"语言建构语言"以及"语言的自称性"角度对语言的性质提出了新的思考。例如他列举了一些常见自反性词语 mean、talk、speak、understand、tell 等,让读者想象,如果语言中没有这些词语,(我们的生活)将会是什么样子。他提出,语言不可能没有"所说""所指""所言"这些涉及语言自身的概念,如果语言中没有"元话语(metadiscourse)"的表达形式,人们就无法确认信息和概念是否得到准确表达和传递,也就不能保证语言交流正常进行,即使是在日常生活最普遍最简单的交际行为中。Locke 和 Taylor 的观点实际上揭示了现实语言表达中,不仅只有如实传递信息的现实语言符号序列,还夹杂着超出指称真值语义的语言符号序列,其中一些就是元语言功能的表现。所以不管如何界定元语言概念,现实言语交际中,显而易见存在着元语言的行为。在进行言语交际时,说话人不仅进行信息意义内容的表达,同时也在审视自己的表达，边说话，边观察、思考、组织和调整自己的语言，以最大限度地减少听话人理解话语时所付出的努力，并增加话语的语境效果。(刘丽艳，2011)而这些对自己语义表达内容的审视，会以语言形式穿插于语言表达的过程中，就形成了一些在意义上游离于语义信息之外的语言成分，并与传递信息内容的语言成分同时出现在话语中，这就形成了口语交际中的元语言话语标记成分。

在话语标记的研究中，也有人将其主观性的功能与话语连贯和人际互动的功能并列称之为元语言功能。白娟等（2006）认为，在语言中，存在这样一类指示性话语，他们往往借助语言本身表明所指范围，体现了说话人的一种元语言意识或对语言使用的自反意识（reflexivity），也可以说元语言态度。他们将这一类词定义为汉语元语言标记语，并归纳了其功能：表明说话人意识到自己正在或要做的事情，同时给听话人一个预示；向听话人表明自己所说的话是真实的，使自己的话更有说服力；减少面子威胁。李勇忠（2003）将话语标记在话语连贯中的功能分为三类：语篇组织功能、人际商讨功能和元语言功能。其中引用雅可布逊对元语言的描述，认为元语言是描述语言本身的语言。认为元语言可使发话人避免使用表示绝对意义的词语来标示自己没有把握的事情，起模糊作用，以保全发话人的面子。并特别提到，元语言话语标记常常出现在口语语体中，本身不添加任何话题新内容，但能组织语篇，衔接话语结构，突出某些重要内容，体现发话人交际意图，避免受话人误解。我们认同将元话语标记作为与话语组织和人际互动功能话语标记并列的分类标准。

我们认为，元语言话语标记是在语言生成过程中，说话人对自己的语言表达内容进行反馈、阐释、评价和修正而输出的语言成分，它体现说话人对自己的话语进行加工的过程，以使受话方更清晰地理解发话人传递的关键信息、意图或态度。

我们在考察语料并参考以往的相关研究基础上，按照交际功能将汉语口语中元语言话语标记进一步分为四类：自我反馈标记、信息凸显标记、解释标记和表态标记。

三、人际互动功能标记

言语交际过程不仅是一个传递意义的过程，也是一个由交际双方共同参与的互动过程，其目的是交际双方进行观点、态度、情感等各方面的交流,并维持交际的顺利进行。这些就是言语交际行为所具有的人际功能。Halliday(1994)认为与人进行交际就是在和听话人互动,交流的一个主要目的就是要和听话人建立并保持适宜的社会关系。语言除了具有表达讲话者的亲身经历和内心活动的功能外,还具有表达讲话者的身份、地位、态度、动机和他对事物的推断、判断和评价等功能,语言的这一功能称作"人际功能"。语言的人际功能是讲话者作为干预者(intruder)的"意义潜势",是语言的参与功能。通过这一功能,讲话者使自己参与到某一情景语境中,建立和保持同他人的人际关系,用语言来影响别人的态度行为,同时用语言来表达自己对世界的态度和推断看法,甚至改变世界。此功能还表示与情景有关的角色关系,如提问者与回答者、告知者与怀疑者之间的关系。(胡壮麟等,2005)因此,为了交际的成功,发话人总是要尽力借助各种手段维持交际的顺利进行,并使自己的话语为受话人理解,听话人也会尽力借助各种手段使自己最大、最准确地获知说话人的信息,设法推导出说话者的真正意图。

交际双方这种人际间的互动伴随着整个交际过程而存在,因此交际双方需要借助一些语言的或非语言的策略来提示或引导对方,话语标记便是这样一种语言策略的表现。而承担人际功能的话语标记,我们称之为人际互动话语标记。

刘丽艳(2011)对人际互动功能的话语标记做了研究,认为话语标记的人际互动功能体现了交际过程中交际主体间的相互关注,即交际主体间相互配合、相互提示,共同作用于交际。但她将该功能看作是与其他功能共现的话语标记功能。这与我们对话语标记的分类互斥观点不一致。我们也认为Halliday等人对人际功能的界定过于宽泛,按其界定,也不好与话语组织、元语言功能相区分。我们只以是否意图对受话人施加影响为标准,具有取效功能的才看作是话语标记。因此,我们对人际互动话语标记的界定是:在交际过程中,说话人为了建立和维持交际行为、获取认同与支持、调整彼此关系及态度等,而在表达中插入的不具有现实概念意义的语言成分。

从功能上,将人际互动话语标记再细分为联络标记、寻求认同标记、关系调节标记和协商标记四种。

第三章
话语组织功能标记

话语组织标记的项目数是三大功能分类中最少的一类,语料中总共发现了24个,但其使用频率却占据绝对优势,出现频率达25012次,占全部话语标记总频率的54%。语料中出现频率最高的前三个话语标记都是话语组织标记。由此可见,话语组织标记是最有用的话语标记。该标记从功能和分布上还可以分为交际进程标记和话轮控制标记两大类。交际进程标记下还可以按照在交际过程的前中后阶段分布分为交际启动标记、交际转换标记和交际结束标记三个次级小类;话轮控制标记按其在交际中的作用又可分为话轮转接标记、话轮延续标记和填补空白标记三个次级小类。从统计结果看,话轮控制是话语组织功能的最主要功能,其中又以维持话轮延续和填补话轮空白两个功能为主,这两小类话语标记条目数量多,且使用频率也非常高。交际进程和话轮控制话语标记的具体分类及统计见表2。

表2 话语组织功能话语标记分类及统计

次级分类	三级分类	话语标记条目及频率
交际进程	交际启动	好$_1$(63)
	交际转换	对了$_1$(20)
		好$_2$(232)
		好的$_1$(1)
		好了(3)
		(就)是这样(子)(的)$_1$(31)
		(就)这样(子)(的)$_1$(62)
	交际结束	好$_3$(94)
		好的$_2$(20)

（续表）

次级分类	三级分类	话语标记条目及频率
话轮控制	话轮转接	那₁（869）
		那个₁（154）
		那么₁（272）
		然后₁（54）
		所以₁（215）
		（它/他/你）这个₁（131）
	话轮延续	那₂（706）
		那么₂（1039）
		然后₂（863）
		所以₂（146）
		完了（389）
	填补空白	嗯₁（11118）
		那个₂（3023）
		那什么₁（42）
		这个₂（5465）

下面将对语料中发现的24个话语组织功能话语标记进行分析和描写。每个话语标记条目后括号内的数字为该话语标记在语料中出现的频率，例句后面的字母组合或字母与数字组合为语料出处，其中的"北语BJKY"代表北京话口语语料库，"BCC微博"代表BCC现代汉语语料库微博部分，其他字母和数字字符串的组合为传媒大学有声语言资源语料库语料，没有标注的语料为本课题组自采语料。

第一节　交际进程标记

交际进程标记是指说话人用来提示会话交际行为开始、结束，以及交际过程中转换话题、交际功能、交际行为或交际方式的话语标记，它起到的是标示整个言语交际进程的作用。具体可以分为交际启动标记、交际转换标记、交际结束标记三种。

一、交际启动标记

交际启动是指一次言语交际行为的开始,也包括由非言语行为转换到言语交际行为。现实交际中,当一个人要开始对受话人讲话时,往往都会使用提示交际启动的话语标记。语料中只发现一个这种标记"好$_1$"。

■ 1. 好$_1$(63)

对于"好"的话语标记用法,已有的研究是将其作为一个话语标记来处理的。邵敬敏等(2005)认为,"好"是在不同话语阶段之间、非话语阶段和话语阶段的一个边界标记,在话语中起一种连接作用,使话语阶段之间的过渡或非话语阶段和话语阶段之间的转换有了一种连接的纽带而不显得突兀。它具有两种话语衔接功能:一是在话语开始时,说话人用"好"来提示前面非话语阶段的结束,重点表示新话语的开始;二是用在话语中间,作为两个阶段之间的转换标志,它既提示一个话语阶段的结束,又预示下一个话语阶段的开始。黄勇(2012)认为"好"的话语功能与其在话轮中的位置存在着复杂的对应关系,当出现在话轮开端时又可分为两种情况:用于首话轮开端,其主要功能是标记交际活动的开始;用于非首话轮开端,主要有示意开始、示意结束和同意应答三种话语功能。用于话轮中间时,其功能也表现在示意开始、示意结束和同意应答三个方面,有时示意开始和示意结束功能是并存的。用于话轮结尾时,后通常接"吧、吗"之类的疑问语气词,其功能通常是说话者向听话者征求意见、请求确认。

通过对语料的考察,我们认为,"好"在话轮的前、中、后不同位置时的功能和形式(可组合成分、语音特征)不同,不应看作一个话语标记,而应该分成不同的标记。黄勇(2012)所说的出现在话轮结尾的"好",如果不带"吧、吗"则不大能使用,而带上"吧、吗"则具有了实在的疑问功能,更像是一个疑问形式,所以将其排除在话语标记之外。黄勇(2012)划分出的"好"位于首话轮开端和话轮中间的两种用法,与邵敬敏、朱晓亚(2005)的划分有重合,我们将出现在话轮开端的"好"记作"好$_1$",而将出现在话轮中间的记作"好$_2$"。

"好$_1$"用来提示新的言语交际行为即将开始,同时也提示前面非语阶段的结束。其发音简短,不拖长,不能加重音,音调较高,且音节末上扬，其后一般都有停顿，一般不可重叠。后面接表示开始谈话、谈话话题、寒暄、感谢之类的话语，如：

[1]（语境：节目开始，观众掌声。）

　　主持人：**好**，谢谢各位。电视机前的观众朋友大家好，您现在正收看的是中央电视台第二套节目经济频道的《对话》。　　（dhua070221）

[2]（语境：节目开始，视频介绍外资银行开放人民币业务的情况。）

　　主持人：**好**，谢谢各位。电视机前的观众朋友大家好，这里是中央电视台经济频道的《对话》，欢迎各位的光临。　　（dhua070423）

例 [1] 中的"好"主持人是对现场观众发出即将开始讲话的信号，也是表示观众的鼓掌（非语言交际）行为结束，开始进入言语交际进程。例 [2] 则是在播放视频的单向传播行为结束后，主持人要开始进行对话互动环节而用"好"来作为信号。这时候的"好"（也可以用"好的、好了"等）如果不出现就会使说话人和听话人感到有点儿别扭，所以它在类似的交际行为中是必不可少的调节成分。比如教师在开始讲课的时候，基本上也都会以此类标记作为开始讲课的信号。

二、交际转换标记

交际转换标记是指在一次言语交际进程中，当交际对象、话题、功能、方式等发生改变时使用的话语标记。语料中共发现五个这种标记。

2. 对了$_1$（20）

与表示正确义的同形结构相比，该标记的尾调为升调，"对"不能重读，前后都有停顿；出现在对话中间的话轮前，也可以出现在一个话轮中间。张黎等（2016）将该标记归入人际互动功能中的联络标记（文中标为"对了$_2$"），但进一步考察语料和参考其他文献后，我们将其界定为话语组织功能。刘焱（2007）认为该标记有话题转换、话题延续、话题前景化和话轮转换功能，我们认为这四种功能的核心，还是在交际进程的改变。所以其功能可以概括为，提示说话人要中断当前交际的交际进程，插入忽然想到的信息，并转换交际对象、话题或交际功能。其后接提问、陈述、评价或建议等功能的话语，并常常伴有其他提示插入新话题的成分，如

"我想起""说到这"等。

[3] 刚才警察同志说得很清楚，老贾的行为已经违法了，估计老贾对这个结果心里也门清。**对了**，说到这儿，善于做秀的人还有个特点：天不怕地不怕。这种人太可怕了。　　　　　　　　　　　（dqr070715）

[4] 我去年上了一趟十渡，我觉得也挺扫兴的。因为那地方不像我想象的那么好。噢，可能，**对了**，我想起来了。可能这儿你说到这儿，我我想起一个问题来。　　　　　　　　　　　　　　　（北语 BJKY）

例 [3] 中的"对了"之前的话题是老贾的违法行为，后面是插入了对善于做秀的人的评价，前后话题完全不一致，同时用"说到这儿"来辅助话题转换。例 [4] 中的谈话进程本来围绕着对十渡的评价，说话人忽然要插入另一个临时的话题，要提出一个问题，用"对了"来通知听话人即将插入一个新话题。

3. 好$_2$（232）

这个"好$_2$"的话语标记用法就是邵敬敏等（2005）和黄勇（2012）所讲的位于话轮中间的用法，但他们都没有进一步分析其前后话轮的性质与功能是什么。通过对语料的考察可以看出，"好$_2$"用于会话进行中的一个话轮的开头或话轮中间，其功能是转换谈话话题、交际功能（如从陈述转为发出指令）或转换交际对象。前后一般都有停顿，发音为降调，不能带重音，其前可以加"那"。

[5] 对，这是第二个，第三个就是把身子背过去，完全无视指责，完全好像视而不见，**好**，现在先生告诉我，你喜欢用什么方式来应对你的太太，如果她这样指着你的话？　　　　　　　　　　（xlft070417）

[6] 来，我们看一下现场嘉宾贡献的第三个法则，质量、服务，还有和传统的结合。这是哪一位嘉宾的贡献？**好**，说一说为什么提供这样的一个法则。　　　　　　　　　　　　　　　　　（dhua070929）

这两个例子都是在介绍、陈述一个作为交际话题的事件或命题之后，要转向对听话人进行提问时使用了"好"来开始提问，交际功能发生改变，同时也选定了交际对象。

4. 好的₁（1）

邵敬敏等（2005）认为"好"+"的"不能用于表示话语衔接功能，但从真实语料看，"好的"确实有这种用法。该标记与作为反馈信号的"好的"语音表现不同，后者发音可以弱化，而该标记发音偏高，可无弱化，其后有明显停顿。用于一个话语交际中断后，再重新开始时，其前应有交际双方未进行言语交际的事件或行为发生，使得更早的言语交际行为暂时中断，说话人使用"好的"来提示再次启动与中断的言语交际话题一致的交际行为，而这再次启动的言语交际行为是双方都已经有预期的。

[7]（语境：插播广告结束。）

高婷：**好的**，一段广告之后，高婷欢迎您回来继续收听今天的《法制天地》，现在您听到的是我们的元旦特别节目，《法制天地》独家奉献的监狱晚会背后的故事。（fztd070318）

这个例子是播音主持人在节目插播广告后，再次继续主持现场谈话节目时出现的，因为交际对象——观众已经在等待她讲话，现在开始讲话是满足听话人的预期，这是其与其他几个交际转换标记"好、好了"的不同之处。

5. 好了（3）

在口语交际中作为相对独立的序列（前后有停顿），独立使用的"好了"有多种用法，主要有：一、开启新的言语交际行为或话题；二、结束交际或正在进行的话题；三、打断对方的谈话或话题。其中的第三种可以独立构成话轮，有重叠形式，所以不是话语标记。第三种用法刘丽艳（2011）和孙利萍等（2011）都提到它是结束、终结话语的功能。而第一种，虽然常用于首话轮开端，但其功能也是表示结束前面的非言语交际行为。同时，用于非首话轮开端或话轮中间时，其功能也是表示结束前面的话题或交际功能，转入新的话题或功能。在语音形式上两者也没有差异，所以，我们将这两种用法看作是一个话语标记，是交际转换标记。在语音形式上，其前后都有停顿，"好"不可拖长发音。用于从某种交际方式与功能、交际对象或交际话题转换到新的交际方式与功能、交际对象或交际话题之中，如从非话语行为转入话语行为，或从独白转入到对话，也包括转入言语交际和交际话题的结束阶段。如：

[8] 因此呢,在我们正式开展我们的这个,《头脑风暴》的讨论之前,先让我们看看,外资银行的进入,引起我们怎样的关注。

(视频播放)

主持人袁岳:**好了**,我们想这个问问现场的这个观众,你们觉得这个外资银行来了以后,你觉得最有可能给我们生活,带来的影响可能是,就是影响可能是什么,哪位首先来跟我们说说看,你以为它将会怎样改变您的生活? (tnfb070311)

[9] 谭培成:头发没有了,弄不掉了,**好了**,我们开始进入车间。

(jrgz071030)

例[8]中的"好了"是表示要现场的人从看视频的行为转换到言语交际环节,开始对话,这一用法与话语标记"好₁"相同。而例[9]则是在交际进程临时插入与交际主旨不一致的话题后,使用"好了"来表示将讲话重新拉回到原来的话题,这时候不适合用"好"。

■ 6. (就)是这样(子)(的)₁(31)

重音在"是"上,但整体发音弱化,相对于前序语调单位,处于低处,前后都有停顿。有"是这样"和"是这样子"两种形式,当其形式为"这样"时,其中的"样"可儿化。该标记前面可以加"就(是)",后面可以加"的"。出现于一个话轮或一段话的结尾,表示有关某个话题或子话题的信息陈述、解释或评价的结束,可以结束话轮,或转入新的话题或子话题。使用该标记时,其前所做的陈述、解释或评价,应该是应交际对象的邀请而做的。

[10] 如果有机会见到她,我只能说对不起她,伤了他们的心,只能这样说,怪不了别人,是自己一时糊涂,**是这样**。 (fztd070515)

[11] 我们是八九级工的话是钱最少,一级我们钱最多,**是这样儿**。

(北语BJKY)

[12] 国家给你点儿代价是生活费,也可以说多一点儿是补,多补助补助,**是这样的**。 (北语BJKY)

上述三个例子中的话语序列都是说话人对某事物或情况的主观评价,"是这样"表示其应邀所做的评价行为结束,听话人可以接过话轮,或进入下一个话题。

■ 7. (就)这样(子)(的)₁ (62)

有"这样""这样子"两种形式，其整体发音弱化，与前面的句子处于同一个语调单位，处于尾部的降调区，前后都有停顿。其中的"样"可儿化。该标记前面可以加"就"，后面可以加"的"。在一些方言区用"这样子"的形式。孙利萍等（2011）和韩丹丹等（2012）都将这一话语标记与"就"一起考察，我们认为这里的"就"对于其交际功能没有实质影响，加与不加比较自由。加"就"时可以表示说话人认为其前面所做的陈述和解释不复杂。孙利萍等（2011）认为"就这样"是总结性标记，有终结话语的功能；韩丹丹等（2012）认为它有话轮放弃的功能，还有组织各步骤使之连贯的功能。从语料情况看，该话语标记不一定出现在交际进程的结尾或话轮结尾，所以不应将其视作交际结束或话轮转换标记。它的特点是出现于一个话轮或一段话的结尾，表示有关某个话题或子话题的信息陈述或解释的结束，其后可以结束话轮，或转到下一个话题单元。

[13] 天仙妹妹：以前在我家乡，然后有一个旅游的人，然后在我家乡遇到我，给我拍了几张照片，然后发到网上去，**这样**。

马斌：介绍我们的点评嘉宾，中国传媒大学文学院院长苗棣先生，欢迎您。　　　　　　　　　　　　　　　　（swsj070418）

[14] 我原先就是初中，就算，说是初中毕业吧，**这样子**。嗯，以后呢兵团招人呢，我就去兵团，到兵团以后，干了七八年吧。　（北语BJKY）

[15] 一个星期上三天班儿，嗯，那三天呢，就在办公室。呃，这三天就在家，**这样儿的**。　　　　　　　　　　　　　　（北语BJKY）

这几个例句都是发话人应交际对象的邀请，介绍、解释某个事实，"这样（子）"表示陈述或解释完毕，将话轮交与交际对象，或进入下一个话题。它与前面的"是这样"不同的是主要用于陈述性的言语行为，而不适宜用于表评价的功能。所以，从例[13]—例[15]可以看出，"这样（子）"不能用"是这样"来替换，如果替换了，意思也就发生了变化。

三、交际结束标记

交际结束标记是结束一次言语交际行为或一个阶段或一个话题时使用的提示语。语料中发现两个交际结束标记。

8. 好₃（94）

用于表示一次谈话、对话整个过程或在三人以上的交谈中对某个人的一次对话的结束，也可以表示交际过程中的某个话题的结束。其后面常有表示结束义的话，或者具有结束谈话功能的道谢、道别等话语。前后都有明显停顿，语调为高升调。根据这些特征，我们将其与"好₁、好₂"分开。如：

[16] 主持人：**好**，下周同一时间《商务时间》再见。（swsj070418）

[17] 万钢：这样的话我们就做好邻居，共同地来节约能源，减少排放。

　　夏东海：**好**，谢谢。　　　　　　　　　　　　　　（dhua070929）

例[16]的"好"出现主持人主持的节目内容结束的时候，用来宣告节目结束，后面接道别的话语。例[17]是在交际对象讲完话后，用"好"接过话轮，表示终止与对方的对话，并可能转入与另一个对象的对话。两例中的"好"都是表示一个交际过程的结束。

9. 好的₂（20）

位于答话话轮的开头，或话轮中间，前后有停顿，表示要中断或结束谈话，也可以是结束一个话题。当处于答话话轮开头时，也表示对对方的谈话内容表示满意。该标记后面常有表示结束谈话的话，或具有结束功能的感谢、道别之类的话，也可以是转向新的交际对象或话题。

[18] 主持人：也就是切身利益和劳动者切身利益比较贴近的一些条款，大家是必须公共协商以后，才能做出决定。**好的**，我们稍微休息一下，进一段广告，稍候回来。　　　　　　　　　　　　（jrlt070716）

[19] 拯宇：对，现在看来可能性比较大。

　　主持人：**好的**，那我们稍后，如果韩国的外交通商部有最新的情况，我们会继续请你来证实的，谢谢李拯宇，谢谢。　　（jrgz070725）

例[18]中的"好的"是表示暂时中断谈话。例[19]中的"好的"则是结束谈话，并且有打断对方话轮的作用。这些都可以看作是中断、结束交际进程的功能。

第二节　话轮控制标记

话轮控制标记是指交际中，会话参与的一方为了获得话轮及保持话轮而使用的一些无概念或逻辑意义的语言成分，它针对的是交际进程中的一个话轮。具体包括从他人处争取或接过话轮的话轮转接标记，保持自己话轮的话轮延续标记，还有因思考、犹豫而中断谈话时使用的填补空白标记。

一、话轮转接标记

此处所用的话轮转接概念，其他研究者一般称作获取话轮。我们认为，获取话轮可以是发话方主动交接，也可以是听话方主动夺取，如果使用获取话轮的概念，容易理解为后者，所以本研究中使用话轮转接的说法。

■ 10. 那$_1$（869）

许家金（2008）认为话语标记"那"的功能是作为话头，具有开启话题的功能，语音上可拖长，常较其后的内容重读，也可以叠用。通过对语料的研究发现，这个"那"只出现在非首话轮的开端，用于接应交际对方的话轮，首要功能在于获取话轮。其后多数情况下出现的功能是提问功能的话语（约占66%），也可以是介绍信息、评价、建议、指令、请求功能的话语（约占34%）。同时，它也有提供新信息或引入新话题的作用，后面的话语序列的内容与说话人或交际对象之前的话轮相比，在意义上形成对比或转折的关系。其语音特点是调位较高，后面一般没有停顿，可拉长音节，但不一定重读；重读只出现在后面的话语序列为提问功能的情况下，或需要争夺话轮的情况下。它可以重叠使用，但也有条件，主要是出现在急于争夺话轮的情况下，并且后面话语的功能仅限于提问。

[20] 主持人：你是玩一会儿还是玩好久？
　　　张非：玩好久，有时候通宵。
　　　主持人：那你喜欢北大吗？　　　　　　　　　（shss070716）
[21] 主持人：在你第一次听到这个谣言，说香蕉会传播 SARS 这个谣

言，你第一次听到的时候，你怎么想的？

　　陈义军：不可能的，香蕉本来就是一种水果之王，我小孩吃香蕉，我两夫妻，我那时候结婚的时候才一百一十斤，现在我两夫妻加起来是三百二十多斤，一百六十四斤一个，实实在在的。

　　主持人：你小孩子也吃香蕉？

　　陈义军：**那**我小孩子也很胖的，实实在在，所以我就是说香蕉是冤枉的。
　　　　　　　　　　　　　　　　　　　　　　　　（shss070708）

[22] 章：这个没交代。通常你不专心的做一项事业，交给别人打点的时候，那个事业一定也不会成功，因为它没有你的心血投入嘛。那最后的下场就是两个也都倒店关门了。

　　叶：**那**我觉得从人生的巅峰直坠谷底啊。

　　章：是是是。这是后来我为什么决定进入这个行业很重要的关键。
　　　　　　　　　　　　　　　　　　　　　　　　（cfrs070303）

　　例 [20] 中的"那"出现在说话人又提出新的问题的话轮开头，启动新的话轮，同时提示下面的话是新的提问。例 [21] 中的"那"引入的话轮不是提问，而是陈述性的话语，但其信息内容（"我小孩子也很胖"）与前面的话题（"香蕉会传播 SARS"）不一致，超出听者的预期，所以使用"那"来开启话轮。例 [22] 中说话人叶用"那"开启对章的回应话轮，引入一个超过发话人叙述量级的判断（"直坠谷底"）。

　　对话中，当一方的连续话轮都是提问功能的话，从第二个提问话轮开始，"那"基本上是必不可少的。下面是某咨询公司对一家汽车公司的客服中心服务情况进行调查的电话录音，从中可以明显看出这一特点。

[23] 服务中心：你好！北京现代！

　　调查员：你好！我准备买一辆索纳塔轿车，您能给我介绍一下有关的情况吗？

　　服务中心：可以，索纳塔分为两款：2.0 和 2.7，2.0 手动 17.9 万，2.0 自动 19.8 万，2.7 手自动一体 26.5 万。

　　调查员：那么售后服务情况怎么样啊？

　　服务中心：这个您放心，在北京总共有十几家售后服务站，维修非常方便。

　　调查员：**那**我有什么问题可以直接打您这个电话吗？

服务中心：您直接打服务站电话就可以。
调查员：*那*您这主要负责什么啊？
服务中心：我们这主要负责管理服务站，以及处理顾客投诉。
调查员：*那*么说我要是有什么其它维修问题打这个电话也解决不了么？
服务中心：对！您直接打维修站电话就可以，而且那样更方便。

调查员一方的第二个话轮开始使用"那么"（与"那"的功能类似）开头，之后的三个话轮，都使用了"那"开启话轮，这时候如果不说"那"反倒感觉很别扭。

11. 那个₁（nèige）(154)

重音在"个"上，并可拉长音节，其后一般都有停顿。出现在对话进行中的一方话轮的开头，提示说话人要接过话轮说话，或插话，也可以是在对话出现沉默、中断后再次开始对话的时候。刘丽艳（2011）认为该标记所引入的是逆接信息，即后面的信息不是受话人期待或预料之中的。我们认为逆接的说法不够准确。虽然其后的话语内容的信息焦点是新的，但其仍是针对前序话语语境中的事件，即话题是顺应的，后面的话语只是就这个话题提出新的问题，或添加新的解释、意见等。

[24] C：这个配置比那个还高啊？实际上，比那个尼桑蓝鸟。

NS：对，比蓝鸟儿，它要，高一些。

（沉默）

C：*那个*，副驾驶座儿有没有气囊锁？

NS：没有气囊锁。

[25] NC：嗯，那要是不打折的就是一百多，只要写着打折的，就是二百多，这二百多的比那个一百多的好在哪儿呀？

S：*那个*，做工方面儿用的金子方面儿薄厚都不一样。

（注：C=顾客；NS=男销售员；S=女销售员；数字=有多个顾客或销售员的情况下的区别代号。下同）

例[24]是对话出现沉默后，一方提出新的问题的时候使用"那个"来引入话轮。例[25]中的"那个"则是在对方提出问题后，用来引入接应话轮，有提示就对方的话题作答的作用。

12. 那么₁（272）

　　该成分做话语标记时，"那"相对发音弱化，不能像做连词那样可以重读，但可以在"么"音节上拉长，后面一般不停顿。在对话中，用于从非言语交际场景转入言语交际行为开始之时，或接应交际对方的话轮开启本方话轮时。王红斌（2007）认为"那么"具有转换话题、延续话题、话题标记和补充说明等功能，从语料上看基本印证了这些功能。但我们认为这些功能从属于话轮开启功能，其首要功能是提示本方话轮开始，后面引入的话轮序列的内容可以是新的话题，或延续对方的话题及观点而引入补充信息及观点、评价等；也可以是在接受对方的信息和观点的基础上提出新的问题，具有提供新信息或开启新话题的作用。如：

　　[26]（视频介绍影片《双城故事》。）

　　　　陈可辛：**那么**这部戏是张曼玉刚刚以前都是觉得很偶像派的，就是说那种典型选美出来的美女变成个演技派的开始。　　（lyyy071212）

　　[27] 主持人：陈向群，我们想知道您会怎么跟这户居民谈？

　　　　陈向群：**那么**像这样一个具体的情况，我想我要跟他讲的呢，第一我非常理解他眷念自己的家，眷念自己这个祖屋这种心情，第二个呢我还要告诉他，当初我们在选址的时候并不是当时没有考虑这个情况，但经过各种选择没有办法。　　（dhua071108）

　　[28] 李：改变性格说难也难，说不难也不难，对于我而言我觉得主要我做的事情或者我需要做的改变和我自己的梦想和我自己的目标是相符的，我就很心甘情愿去改。

　　　　叶：**那么**今天泡泡网一共有多少员工啊？　　（cfrs070120）

　　例 [26] 是在非言语交际活动（播放视频）结束后，主持人开始对现场的嘉宾发话，"那么"表示谈话开始，并引入话题。例 [27] 中的"那么"则是顺应对方的话题，引入本方的解释，主要功能是提示说话人开始本方话轮。例 [28] 中的"那么"是开启新的提问话轮。

13. 然后₁（54）

　　已有的对于作为话语标记的"然后"的研究基本都是关注其延续话轮的用法（本书中认定为然后₂），但从真实语料中发现了它也可以作为话轮转接标记，只是这种用法比延续话轮的用法少得多。它与"还有"的语义相同，但只出现在说话人再次获得话轮的时候，所引入的话轮内容是对说话人前序话轮的话题的延续和增补，后面可接两种功能的话语序列：一、陈述事实或观点，延续或补充对方的话轮或自己上次话轮的话题内容，具有提示继续同一话题的作用；二、提问，一般是延续、增补本方前序话轮的问题，表示期望得到更多的信息，具有提示自己的各个话轮之间话题的连续性和相关性的作用，也具有在前序话题下开启新的子话题的作用。语音上不可重读，其后没有停顿，但可以加"呢"并带有停顿。如：

[29] 主持人：但是杨老师，我发现李先生的归因挺好玩的。对学校那种学习状态不满意，他认为是教育的问题。教学有问题，后来自己找不到工作是因为自己年龄的问题，就是你的所有这种归因都是自己无法改变的，你觉得你的无法改变，我们能帮什么呢，因为教学，我们可能（——）^①。

杨凤池：我们没法改变教育体系。

主持人：**然后**年龄我们也没法，除非你改你的年龄。（xlft070428）

[30] 叶：我想很多观众还记得，你说三岁开始陪外婆（——）

周：喝酒。

叶：对。

周：嗯。

叶：**然后**我印象很深的是，你的描述是这样的，外婆喝酒，外婆一大杯，我在旁边陪一小杯。

周：对。　　　　　　　　　　　　　　　　　　（cfrs070602）

[31] 主持人：那这些演员都是你们村的人？

王新全：第一个我先说女一号，女一号就是，这个女一号。

主持人：导演觉得女一号都很重要。

王新全：女一号是我们，有一个超市的播音员，就是拿着小喇叭，什么便宜了，卖多少钱了那个，男一号是我们胶南，某一个工厂烧锅炉的，就是拿着煤铲铲煤烧锅炉的。

索亚斌：这你就介绍反了，你应该先介绍男一号，这样大家会有想法。

王新全：女士优先。

主持人：**然后**演狼的呢？演大灰狼的那个。　　　（shss071014）

---

① （——）表示说话人的话语被打断。

例 [29] 中的"然后"出现在说话人再次获得话轮处，后面的话是就说话人上一个话轮中提到的信息（年龄问题）提出观点。例 [30] 是说话人的话轮被打断后，继续增补本方上一个话轮未讲完的话题信息（三岁陪外婆）。例 [31] 中的"然后"引入的是提问，所问内容（演大灰狼的是不是你们村的人）是说话人前序的提问话轮（"那这些演员都是你们村的人"）所问问题的延续，是上个问题的下位问题。

14. 所以₁（215）

重音在"所"上，其后面一般不停顿，但可以加语气词"啊、呢、吧"并带有停顿。姚双云（2009）提到"所以"具有开启话轮的作用，但将其与延续话轮的"所以"（本书中认定为"所以₂"）视为同一个话语标记，我们认为其形式与功能都不同，故将其分开。此"所以"用于一个对话进行中的新话轮之首，其功能是开启与相邻的前序话轮的话题有逻辑关系的新话轮。或者之前已经有同一话题的对话，但因发生交际转换或话题偏转而中断，因此用"所以"来重启对话。刘丽艳（2011）认为"所以"具有拉回话题的作用，就是针对后一种情况。它引入的话语序列的功能是陈述新信息、提问、做判断或评价，表示说话人已经从前面对话中得到所需的详细信息，在前一话轮的基础上，对获取的信息进行进一步确认和肯定。形式上，"所以"引发的话轮常常以"就是说""你的意思是（说）""你的意思就是""你认为""你觉得"等表示对对方的话语进行解释说明等的短语结构开始，或者主语是以"你""你们"等第二人称为首的结构单位。"所以"有时候也用于引出提问，标示受话对象的转变，引出新的受话人，或在前面话轮内容基础上，进一步引发新的子话题。

[32]（视频介绍新房贷政策。）
　　主持人：所以就像我们刚才片子当中所看到的，房贷新政一出来以后，上海市二手房立刻出现零签约。所以有人说节后会不会有一部分投进二手房的资金转向股市，两位觉得呢？
　　水皮：我们这个报正好也做了这么一个专题。　　（jrgz071006）

[33] 何平：北京人应该做文化更好点，刚才那个陈总讲，我觉得他那种气魄呀，而且他受的那些教育呀，他的那些语言，我觉得他现在，所有人都去经商，我觉得也挺可惜的。

主持人：所以您的意思就是，做文化，踏踏实实就做文化，别拿文化忽悠这些生意。　　　　　　　　　　　（tnfb070819）

[34] 主持人：佳佳，说了这么多，你现在心里怎么想，你觉得李老师这番分析有道理吗？

佳佳：好多了，我终于知道我为啥要说话了。

主持人：所以我特别想问佳佳妈妈，你听到这儿，你心里怎么想？

妈妈：我觉得我本身就有问题。　　　　　　　　（xlft070303）

[35] 主持人袁岳：你现在是什么情况？

文亨利：现在是大概这个数字的五分之一，还可以。

主持人袁岳：所以06年的盈利大概是多少？　　（tnfb070211）

例[32]是在发生交际转换（播放视频）之后，再次回到对话交际之时，用"所以"表示继续进行延续之前话题的对话，并提出自己的观点。例[33]是接过对方的话轮，引入根据对方提供的信息所做的结论性话语。例[34]和例[35]中的"所以"都是引入针对对方的前序话轮信息内容进一步提问的话语。由此可见，"所以"的交际功能是提示延续前序话轮内容的新话轮的开始。

■ 15.（它/他/你）这个₁（zhèige）(131)

出现于话轮开头，用于争夺或接过话轮，表示自己要说话，后面接具体的表达内容；或者用于回应对话的另一方的话轮，表示即将开始自己的话轮，后面接针对对方的提问或所陈述的话题的回应话语。以"这个"作为话轮转换标记时，后面的谈话话题及内容与对方的话轮的话题和内容是顺应的，而不会转移话题或改变内容。该标记后面有明显的停顿，其中的"个"音节可以拉长。另外，还可以在前面加上"它（他）、你"等虚指成分，后面加上"呢、嘛、啊"等语气词。

[36] C：颜色太深了吧，我看这——

S：这个，您穿上看看，穿上估计很漂亮，藏蓝色。

[37] 叶：他说你们都是猫，他是老鼠。新东方式的猫和老鼠。

徐：这个，我们都没把他……，我们都没把俞敏洪抓，猫捉老鼠……人生最顶峰了。　　　　　　　　　　　（cfrs070526）

[38] C：嗯，现在这车没有什么优惠、促销什么的吗？

　　　　S：*这个，现在有款装饰。*
　　[39] C：*哎，你这个，它这个保养到哪儿去做？*
　　　　NS：*我们这儿做，我们这服务站，售后服务站。*

　　例[36]是在对方话还没说完的情况下，用"这个"打断对方的话轮，引入自己的建议。例[37]和例[38]都是用"这个"接过对方的话轮，引入对对方的提问的回答话语。而例[39]中的"这个"则是起到提示听话人自己要提问，这通常是在有前序对话发生的情况下。

二、话轮延续标记

　　话轮延续标记是指说话过程中，用来表示话没说完，还要继续的成分，其功能是保持话轮及谈话的连续性。这些标记本身并不表示前后话语序列之间的逻辑或语义联系，而仅仅是表示说话人要继续说下去。

■ 16. 那$_2$（706）

　　其语音形式为nà，一般不重读，也不能拉长音节，其后一般没有停顿。它用于一个话轮的中间，其功能是就前面的话题继续添加或详述信息，以保持话轮的延续；或者用于引入对比信息或进行推论。实际上，这个标记随时可以加在说话人话轮中的任何一句话的开头，并可以不断重复使用。这随个人讲话习惯而有差异，有的人会在一个话轮中不断重复使用这一标记。

　　[40] *那*在我所接触的这些国际的藏家的群体中，*那*有一批藏家他不仅仅是把收藏做一个个人的收藏，他最终的目的是把他的收藏在今后的有一天，把它捐献给一个国家的博物馆，及其私人的博物馆，把它作为一个文化的历史去给更多的观众，去赏识、去学习。
　　　　　　　　　　　　　　　　　　　　　　　　　（swsj070620）

　　[41] 我小时候那会儿，五六岁什么，你早上闻道，知道这个道，晚上死了都没有关系了，*那*我一读到这句话的时候，我真是觉得这是什么东西嘛，什么朝闻道夕死，这个道是什么东西嘛，真是给我很大的冲击的。
　　　　　　　　　　　　　　　　　　　　　　　　　（mrmd071224）

　　[42] 因为我们本身从事互联网的这种企业嘛，那么互联网这种企业本身资产就是一种虚拟的资产，*那*所以我自己看待这种东西还是看得比较淡的。
　　　　　　　　　　　　　　　　　　　　　　　　　（cfrs070120）

例[40]中一连出现两个"那",都没有任何实际意义,是提示其后的话与前面的话的连贯关系,表明话还在继续。例[41]中的"那"引入对比信息以延续话轮。而例[42]中的"那"则是引入推论信息以延续话轮。

17. 那么₂(1039)

刘丽艳(2011)、韩丹丹等(2012)和张黎等(2011)都对"那么"作为话语标记的功能做了研究,认为其具有延续、保持话轮的功能,我们的研究与他们的结论基本相符。该成分做话语标记时,不能像做连词那样可以重读,后面一般没有停顿,但可以在"么"音节上拉长。用于话轮中间,与表逻辑推论关系的连接词"那么"不同,它不表示逻辑推论关系,其功能主要是排列信息,继续添加与前序话语内容相关的信息,起到保持话轮延续的作用。其前后句之间的关系是不同的信息或命题陈述的并列或对比,也可以是命题和解释、举例的关系。在实际交际中,在任何两个构成不同信息单元的句子之间,都可以插入这个"那么"进行连接,以提示继续添加新信息的作用。

[43] 它不是说香蕉人吃了会致癌,他只是说香蕉树有一种叫巴拉马病,**那么**它会影响香蕉树的生长,结果这篇报道出来以后呢,**那么**当天网站上就纷纷转载,转载之后呢,就开始变成了另外一种说法,香蕉里面含癌症病毒。　　　　　　　　　　　　　　　(shss070708)

[44] 比如天然气、电力,这些能源不能把简单的数量相加,那我想把它加到一起的时候,我们规定了一个,每一公斤它的发热值是七千大卡,就约一公斤标准煤。**那么**像电呢,现在大概一度电,就相当于404克标准煤,所以你节约一度电,就相当于404克,也就相当于0.4公斤标准煤。
　　　　　　　　　　　　　　　　　　　(dhua070929)

[45] 黄山跟三亚一样,会展经济在旅游经济当中占的费用是非常大的,像三亚一年三千多个会议在三亚开,再过几天就是全国的房产的高峰论坛放在亚龙湾,**那么**每年三千的会议,给三亚或者给一个地区他带来的物质的财富、商业的财富、文化的财富。　　　　(swsj071121)

例[43]中的第一个"那么"引入对前面的陈述的扩展说明,第二个"那么"则继续引入与前序信息有关的事件信息。例[44]中的"那么"引入与前面的信息对比的新信息。例[45]中的"那么"引入对前序信息的举例性解释。这些用法都不表示逻辑推理关系,明显与表示逻辑推论的连接词"那么"不同。

■ 18. 然后₂(863)

用于一个话轮内部的句子间,前面有停顿,后面一般没有停顿。其功能是继续就同一个话题添加信息,其后面话语的功能基本都是陈述事实、观点等,具体情况可分为:一、解说,即其前后的句子在语义上是互为解说的关系,其中大部分是话语标记后面的句子对前面的内容进行解说,也有一部分是前面的句子对后面句子的解说。二、举例,即后面的话是对前面的句子的陈述内容进行举例说明。三、添加新信息,即对前面的陈述继续添加、补充新的信息,这些信息与前面的信息可以有说话人主观认知的时间、逻辑上的顺序关系(并非客观的时间、逻辑顺序),但也可能没有明显的顺序条理,而只是想到新的信息就用"然后"来继续添加。这是"然后"的最常见的用法(705次,占82%)。四、语义转折,即引入与前面的话的内容形成对比和相反关系的陈述,这时候其后面的句子中往往可以出现表示转折的连词。五、陈述结果,其后面的话与前面的话构成因果关系。

[46] 我从音乐学院毕业以后,我是1978年的学生,带着伟大的理想主义,在音乐学院五年,中国学生会副主席,中国黑板报主编,**然后**在音乐学院是个非常活跃的人物。我的梦想是做文化部长,文化部长。
(cfrs070526)

[47] 所以那时候正好我们刚刚成立一个粉红梦想艺术团,**然后**里面有合唱队,有舞蹈队,有模特队。
(lyyy071101)

[48] 我是来自香港的,在香港念书的话好像是很自然的一回事。那你从小到大,父母都会帮你安排,**然后**安排你到什么学校去学,但是香港有些时候学生们,他们就不会去想到,就是说自己有机会去学习是这么珍贵的一回事。
(cfrs070623)

[49] 没有,篮球打得非常,我很爱看篮球赛,因为我爸爸他很喜欢篮球,**然后**他也打篮球,所以我从国中开始就很喜欢看篮球赛这样子,**然后**可是我自己要打的时候呢,就发现我完全没有打篮球的天分。
(lyyy071116)

[50] 我压力最近开始大，因为生意比较好，然后很多人来找我，有的时候我也觉得算了，就不做了吧，那我还得为了孩子赚钱。（lyyy070518）

在例 [46] 中，"然后"连接两个具有逻辑互补、互相印证的信息单元（"中国学生会副主席，中国黑板报主编"和"在音乐学院是个非常活跃的人物"）。在例 [47] 中用来继续补充前一个命题（"我们刚刚成立一个粉红梦想艺术团"）的具体信息（"里面有合唱队，有舞蹈队，有模特队"）。在例 [48] 中是引入对前面的命题（"父母都会帮你安排"）的具体例证（"安排你到什么学校去学"）。在例 [49] 中引入与前面命题信息（"很喜欢看篮球赛"）具有对比性质的新命题（"我完全没有打篮球的天分"）。在例[50]中，则连接两个具有因果关系的命题（"生意比较好"和"很多人来找我"）。

■ 19. 所以₂（146）

重音在"以"上，并可拉长。其前有停顿，其后停顿与不停顿两可，但可以加"呢、啊"之类的语气词，并带有停顿，用于话轮中间。姚双云（2009）指出该标记有延续话轮和停顿填空两种功能，但其所举停顿填空的例句只有一个，不足以说明问题，不符合本研究对填补空白标记的界定标准。所以，我们只承认其延续话轮功能。该标记的功能主要是引入顺应前序命题信息的信息，以支持前面的话。后面的话的功能和作用主要是继续添加观点、评价以及新的相关信息，或进一步解说前面的话。其前后的内容并不构成逻辑上的因果关系，而只表示后面的信息是在前面的话所陈述的信息基础上或前提下继续添加或解说，以维持话轮的延续。

[51] 当然这个我想嘛，有名儿大家都愿意，有钱大家还愿意。所以我想的话，真正能够留在社会上的，应该是名气要多于钱。（swsj070313）

[52] 第二个她的理念是踏实、认真，所以做我秘书一定要非常踏实，非常认真，才能做好秘书，因此我就选择她。（swsj070404）

[53] 我女儿她到美国上学，第一次回来过圣诞节，所以呢，我那天晚上，她和她的同学出去玩了，我就在她的被窝里面做了一个，我跟她讲做了一个爱心岛。（swsj070308）

例 [51] 中的"所以"引入的话是对前面的命题信息（"有名儿大家都愿意，有钱大家还愿意"）添加说话人的观点（"名气要多于钱"）。例 [52] 中的"所以"从逻辑上看，恰恰应该用"因为"才合适，而在此是用来提示要插入补充信息。例[53]中的"所以"的使用完全没有任何逻辑上的必要,仅仅用来继续添加后序信息,且有提示这个后序信息是整个话轮中的核心的、重要的信息。这些"所以"都起到维持谈话继续的作用。

20. 完了(389)

重音在"了"上,并可拉长,后面可停顿也可不停顿;其后可以加语气词"啊、呢、吧",并带有停顿。主要用于陈述、说明和指令功能的话轮中间,后面可以是一句话,也可以是一个不完整的句法成分。其功能是表示继续添加与前序话题相同的新信息,起到对同一个话题下不同方面的信息的连接作用,以维持话轮的延续,表示说话人还没说完。其后面的信息与前面的信息之间在说话人的认知中,可能具有时间或逻辑上的先后顺序关系,也可能没有这种关系,而仅仅表示说话人还要继续说下去,有帮助说话人思考和组织话语的作用。它也具有切分信息单元的作用。按照高增霞(2004b)的研究,它有设立话题、找回话题、话题切换、话题延续四种功能。就是将不同的话题分开,或将同一个话题的不同陈述分开。当其所连接的话之间有时间先后关系时,其后的句子中还可以出现表示时间顺序的连词"以后、然后、后来"等,特别是"以后"常紧跟在"完了"之后联用。

[54] 去了两个地方,最后到车站,完了我说到了,他就把手伸到怀里,我以为他给我掏钱呢,他就把刀拽出来了。（shss070930）

[55] 后来就把这个老太太呢留到自己的家里。虽然说自己的痛苦是比较大的了,哈,完了又又又这,又又又得抚养这个老太太,这个保姆呢保姆呢,也不是那个,家里,也是孤苦伶仃,也没人没儿没女。（北语BJKY）

[56] 好,赶快就提溜出来,一看,前轱辘没了,车座子也没了,完了,那个后后带呀,什么气门嘴儿全没了。（北语BJKY）

[57] 像我媳妇儿生,过生日啊,必要买点儿什么礼物什么的啊,送给她。像我们老家儿要过生日呢,完了呢,我们呢,做晚辈的呢,给老家儿买点儿什么东西。（北语BJKY）

例[54]中的"完了"前后的事件看似有时间顺序,但"完了"并没有明显地突出时间顺序,而是起到了从叙述一个客观事件进程("最后到车站")转到说话人行为的叙述("我说到了"),引入一个新的信息单元。

例 [55]—例 [57] 中的"完了"前后的序列都没有时间关系，只是引入延续前序话题的新信息，且其后都有填补空白的成分（"这、那个、呢"），说明它起到切分说话人讲话的信息单元的作用。

三、填补空白标记

填补空白标记是指出现在说话人因思索如何组织语言、寻找合适的词句表达或不便于直言的话时而使用的话语标记。

■ 21. 嗯₁（11118）

发音弱化，一般前后都有明显停顿，或拉长音节。其位置灵活，可以出现在一个话轮的开头、中间，也可以出现在一个句子前面或具有直接结构关系的句法成分之间，并可以重复连续使用。其主要功能是填补说话人犹豫、思索以及组织话语表达过程中出现的表达空白，以维持话轮的延续，表示要说话或话还没有说完。

[58] C：一块电池电池两块电池？

S：嗯——两块儿的，嗯，双电双充。

[59] 当时就是告诉你会买什么股票，这只股票会炒到多少钱，然后你就要考虑让周围很多人去买，然后你又借钱给人家又可以赚到利息钱，反正就是蛮荒唐的日子，现在回想看一看，就是，嗯，奇怪那时候怎么会做那些事。（cfrs070303）

[60] 您比如说我们这儿订牛奶，我退了休回头啊，我们有一个老街坊，他说大哥，您回头啊，嗯，这么得啦，您省得呀，嗯，那个什么，不知呆着。（北语 BJKY）

例 [58] 是在对方提出问题后，思考答案时，用"嗯"来填补空白。例 [59] 和例 [60] 都是在话没有完全组织好、没想好怎么说的情况下用"嗯"来填补空白，这时候往往会同时还出现其他的填补空白成分，如"就是、那个什么"等。

■ 22. 那个₂（nèige）（3023）

重音在"个"上，其后常有明显的停顿，其中的"个"音节可以拉长。这种用法比较多,位置灵活,既可以出现在一个话轮开头,也可以出现在话轮中间,还可以出现在句首或句中。当出现在句子中间时,它可以替代某个句法成分或位于某个句法成分前,作为形式上的结构成分。曹媛媛(2007)认为该标记有话语延缓、话语迟疑、话语延续、话题接续和表示态度五种用法。其中表示态度的用法(如"我那个叔叔啊,忙得很"[①])不好判断其有无指示意义,其他的四种其实都可以概括为填补空白的功能。殷树林(2009)认为"那个"与"这个"一样,都表达说话人的意思是有定的,属于元语言层面的话语标记。其所说的有定的用法,还是有实在的意义的,很多时候不能去掉(如其所举的例子"王大拿那个商你不招啦"[②]),所以其是否为话语标记值得怀疑,我们只认定其承担填补空白作用时为话语标记。下文的"这个₁"的认定也与此相同。该标记的主要功能是填补说话人犹豫、思索以及组织话语表达过程中出现的表达空白,以维持话语的连续性。当其位于句子之间时,其后面的内容是针对其前面的内容添加信息、解释或评价,有划分不同信息单元的作用。当其位于句子中间替代或指代某个成分时,表示思索或犹豫,寻找这个成分的确切表达形式。这时,它也可以具有突出后面的成分是焦点信息的作用。该成分后面的内容,对听话人或者双方来说是新的、不熟悉的信息,或者所涉及的事件是发生在过去、不在眼前的。"那个"替代或指代某个成分时,常常会连续使用,以填补更长时间的空白。

[61] 压根儿用不着它。不太好。用它看电视**那个**不如**那个**,效果不一样,不一样,因为它扫描线不一样,**那个**,感觉都不一样。

[62] 你说妈妈看见你脸上的伤会怎么样? 嘴巴上肯定**那个**,会骂死我的,但是心里肯定会说,多吃点东西好好补补。 (qrqp070808)

[63] 嗯,漏不了,这些木板自己加工的,是用那个刨花、精刨花,而且用**那个**那种胶、粘的不会变形的。

例[61]中,前两个"那个"是单纯地填补思索、犹豫的空白,而第三个"那个"是填补继续补充信息、转换信息单元之间的空白,其后的话是对前面的信息的补充评价。例[62]和例[63]都出现在一个句子中间,其中例[62]中的"那个"相当于代替一个句法结构("会骂死我"),而在

---

① 见曹媛媛(2007),44页。

② 见殷树林(2009),93页。

例 [63] 中则相当于代替一个词汇成分，它们后面的成分都属于焦点信息。

23. 那什么₁（42）

发音上，前后有停顿，"那"相对弱化，"什"为整个标记的重音所在。出现在话轮或句子开头，也可以出现在有直接组合关系的句法成分之间，其功能是填补说话人思考、犹豫而出现的空白，维持话轮的延续。其后可以引入一个新话题，也可以是进行陈述、提出意见或做出评价等。

[64] 太难了，真的太难了，但是无论怎么争，怎么吵，我们不伤感情，因为我们是兄弟是吧？我们争执的目的，也想做出一部好戏来，你想想你做这么一部大戏，真的太难太难了，**那什么**，要想我觉得，我是不是个大屁股，我对待工作怎么样，我觉得我们编剧谷凯他是最能证明的。

（lyyy110425）

[65] 反正老售票员呢，为什么说的老完成任务呢？他主动卖票，收票也严。他那个，**那什么**，尤其就对这个这个不买票的主儿啊，这个眼睛一看，就知你这个动作，就知你有票没票，他还就一抓一准。（北语BJKY）

[66] 这个，你不给他管理起来，那就容易出事儿，是哇，什么，现在我觉得，**那什么**，这个刑事案件少了，是哇，这与这个抓教育啊，是哇，这个各个公共场所的这个活跃啊，是哇。（北语BJKY）

例 [64] 中的"那什么"的前后序列话题发生了转换，起到填补话题转换之间的空白和衔接作用。例 [65] 和例 [66] 中的"那什么"则都是插入在具有句法关系的两个成分之间，打断了句子的自然连贯，纯属填补因为思考、犹豫而出现的空白。

24. 这个₂（zhèige）（5465）

重音在"个"上，并可拉长音节，其后多可停顿。其位置灵活，既可以出现在一个话轮开头，也可以出现在话轮中间，还可以出现在句首或句中。刘丽艳（2011）将其分为占据话轮和维持话轮功能，占据话轮功能是避免话轮中断和话轮丢失的功能；维持话轮功能则是为了听话人能更好、更清楚地理解说话人话语，使话轮表述得更连贯、更清晰的功能。我们认为它总是出现在说话不流畅、不连贯的情况下，其主要功能是填补说话人犹豫、思索以及组织话语表达过程中出现的表达空白，以维持讲话的连续性，只是其位置可以是插入在句法结构成分之间，客观上起到了区分信息单元的作用。当其出现在句法结构成分之间时，即位于某个句法成分前，成为形式上的限定成分；如果它在句子中替代或指代所在句子中的某个成分时，表示思索或犹豫，以及寻找被替代成分的确切表达形式；当其位于句子之间时，其后的内容是针对其前面的内容添加信息、解释或评价，这时，它也具有突出后面的成分是焦点信息的作用。该标记常常会连续使用，以填补更长时间的空白。

[67] 一天儿也不能落，到到到到日子就得给房钱。他不管你吃饭不吃饭。这个，拉回那车来了，还得交车份儿。　　　　　（北语 BJKY）

[68] 那阵儿弄点儿这个这个这个，我叔叔，弄点儿这个老玉梗豆儿，哎，磨成这个老硬楂子，整天就吃这个。　　　　　（北语 BJKY）

例 [67] 中的"这个"出现在两个信息单元间，有填补单元信息之间空白的作用。例 [68] 中的"这个"则是替代句中的成分，也是焦点成分。

第四章
元语言功能标记

我们共发现 40 个元语言话语标记，出现频率为 13070 次，占总频率的 28%，使用度居第二位。其中最常用的是凸显信息标记和解释标记同形的"就是$_1$"和"就是$_2$"，还有信息凸显标记"你"。三者相加就占了该功能总频率的约 60%，可见元语言话语标记之间的使用度极不均衡。其中，承担信息凸显功能的元话语标记条目数量远多于其他条目数量（21 个），占了一半多，并且总体使用频率也较高。解释、表态和自我反馈标记的条目数量分别是 8 个、6 个和 5 个。由此可见，元语言话语标记最常用的功能是信息凸显。

表3 元语言功能话语标记分类及统计

次级分类	话语标记条目及频率
自我反馈	啊$_1$（83）
	哎$_1$/唉$_1$（27）
	对（446）
	对了$_2$（16）
	嗯$_2$（1589）
信息凸显	哎$_2$（21）
	哎$_3$/唉$_2$（19）
	（你/您）（也）（还）（真）别说（47）
	（我/咱）不瞒你（们）/您说（4）
	（我）告诉你$_1$（37）
	（我）告诉你$_2$（9）
	好家伙（77）

(续表)

次级分类	话语标记条目及频率
信息凸显	好嘛₁（6）
	（也）就是（说）₁（2685）
	老实说（10）
	你（2434）
	实话说（1）
	（它/这）说起来（61）
	（咱/咱们）说实话（107）
	（我/我们）说实在的（173）
	我敢说（2）
	我看（418）
	我说₁（205）
	我想（913）
	要我说（201）
	（这/这话）（该）怎么说呢（88）
解释	（也）就是（说）₂（2634）
	可以说（359）
	（它）是这样（子）（的）₂（84）
	说白了（42）
	（咱们）说（得）明白点（吧）（3）
	我的意思（就）是（说）（123）
	我是说（22）
	（咱们/我/我们）（跟你/您）这么说吧（39）
表态	不是（26）
	不是我说你（们）（21*）
	好不好（379*）
	好嘛₂（465*）
	（我/咱/这）说真的（33）
	他妈（的）（26）

（注：带"*"的语料为来自"BCC微博"的补充语料，不计入总统计数据）

第一节　自我反馈标记

自我反馈标记是交际过程中，说话人对自己所说的内容进行监控的体现，说话人有时会用一些言语成分来表示对自己已说的内容进行确认，好像是自己回答自己的话，这种话语标记我们称之为自我反馈标记。

■ 25. 啊₁（83）

出现在言语交际进行过程中的一个句子、短语或句子成分之后，发音为低降调，并且短促，舌位一般高于 [A]，并且前后都有明显停顿。它是说话人对自己的话语的反馈，其功能是对自己前序话语中所陈述的整个内容或其中某个个别信息的确认、肯定，表示自己所说信息是没错的，因此其后有时会重复确认的信息内容。

[69] S：咱们 TCL 的有耳机吗？没有？
　　S1：有，啊。
[70] 你像那时候儿吧，说这个，三月三，阴历，啊，阴历三月三，嗯，蟠桃宫。　　　　　　　　　　　　　　　　（北语 BJKY）
[71] 这简直的是，每天那个人那个多呀，还全是一样儿的病，啊。
　　　　　　　　　　　　　　　　　　　　　　　　（北语 BJKY）

例 [69] 中，S1 本可以只回答 "有" 即提供了足够信息，而后面再用了一个 "啊"，其功能就是再次确认自己的回答是真实的。例 [70] 中的 "啊" 之后是再次重复前序话语中的一个成分（"阴历三月三"），表示确认这个时间信息没错。例 [71] 则是在一段叙述之后使用了一个 "啊"，是对前序整段叙述内容的确认。

■ 26. 哎₁/唉₁（27）

可以写作 "唉"，实际发音接近 [ɛ]，低降调，发音短促，前面可以有停顿也可以没有，后面总有停顿。出现于两个分句或两个有直接组合关系的句法单位之间，其功能是将一个完整的叙述划分为两个信息单位，其前面的信息是叙述的话题或出发点，相当于主位，后面的信息是对前面的信息进行陈述，相当于述位。其所在话语序列都是陈述功能的，其后一般不会出现疑问句、祈使句。

[72] S：不会，如果你说花片有色差那……

　　C：花片也有，你看这腰线，哎，很明显的，这两个挨一块儿的腰线。

[73] 好像是参加了他的一支队伍，然后跟他一起同行，去披荆斩棘，我好像不是从安全感上面去体验。而是感觉到说，哎，有人同行，而且这个人很勇敢，那我就跟着他走，是这样的一个考量。　　（mrmd071224）

[74] 跟他们一块儿呆着，无非就是唉，尤其那会儿恶势力占上风么，跟他们一块儿不受相欺，这么。　　　　　　　　　（北语BJKY）

例[72]中的"哎"插在两个构成主谓关系的两个结构成分"这腰线"和"很明显的"之间。而在例[73]和例[74]中则是插在具有述宾关系的两个结构成分"感觉到说"和"有人同行"、"就是"和"跟他们一块儿不受相欺"之间。这些"哎（唉）"实际上都突出了作为新信息的述位成分。

■ 27. 对（446）

发音为低降调，后面可以加"啊、呀"之类的语气词，前后有明显停顿。出现在一个句子之后或具有句法组合关系的两个结构成分之间，其功能是对说话人自己陈述的事实或评价等命题进行确认或肯定。当出现在具有句法组合关系的两个结构成分之间时，它也可以指向其后的命题性成分，即对其后的内容进行确认或肯定。

[75] 叶：认人？

　　刘：对，像金佰利也是一样，他说我就通过你来做。我知道你会碰到一些困难，但这点使我很感动，因为有些公司说，你的合伙人给我的价格低吗，我就问他买算了，所以那个时候给我很大的一个教育，就是人生吧，我觉得挫折还是很好的事情，对，尤其那时候人年轻，对吧？如果真的把我这公司卖出去呢，那这个钱肯定就是实打实的钱，对，但是呢并没有卖。　　　　　　　　　　　　　　　　　（cfrs070120）

[76] 我本身是出生在上海的，然后，我自己也是从商的，喜欢沪商等于喜欢自己，对呀，那我不可能事先否定自己呀，对，然后我也是从国有企业下岗以后，然后自己创业，从草根里面出来的。　　（tnfb070819）

[77] 你要是买的话呢，想要打算进货，就得先拿钱。拿钱呢，对，咱们现在呢，这个能力不足，是哇，所以只能够啊，给人代销。

（北语 BJKY）

例 [75] 和例 [76] 中的三个"对"分别是对其前序的评价性质的命题（"挫折还是很好的事情""喜欢沪商等于喜欢自己""我不可能事先否定自己"）加以肯定。例 [77] 中的"对"出现在可以构成一个句子的话题的成分（"拿钱呢"）之后，但指向其后的陈述部分（"咱们现在呢，这个能力不足"），是对后序命题的肯定。

■ 28. 对了$_2$（16）

出现在一句话或一个句法成分之后，前后有明显停顿，音调较低，不重读。它是说话人对自己的话语的反馈，其功能是对自己刚刚讲过的某个信息加以确认、肯定，表示自己所说信息是没错的。其前的话语一般是命题或事实的陈述，其后经常会重复前面这个事件或事实信息。

[78] 学骑车那早了！学骑车十，十几岁呀，十十几岁就就学骑车了。嗯，对了。

（北语 BJKY）

[79] 嗯，上两年，这不二十了，今年她二十。她是前两年，今年是，哎，八三年，对了，八三年。八三级她那时候儿，那年的分数儿好像是稍什么，呃，高一点儿。

（北语 BJKY）

[80] 窦文涛：你看就像我们这电视嘛，这电视不也是跟外国学来的吗？

王蒙：也跟外国学的，对了。

（qsrx090112）

例 [78] 中的"对了"是对前序话语中的"十几岁就学骑车"的事件加以确认。例 [79] 中的"对了"是当犹豫和思考后对"八三年"这个信息再次确认，并再次重复这一信息。例 [80] 中的"对了"是在确认对方提出的命题（"这电视不也是跟外国学来的吗"）之后，再次追加确认。

■ 29. 嗯$_2$（1589）

发音弱化，低降调，前后有明显停顿。用于叙述性或评价性的话语结束之后，其功能是对前面的叙述、评价、建议等加以确认和肯定，并有结束一个话轮或一个话题的作用。

[81] C：好像，后边，后边还挺宽敞的是吧。
　　 C1：还可以，嗯。
[82] 他们住房就稍微紧一点儿，孩子比较多，嗯。这个老头儿也退休了，嗯，一退休呢，单位的房子问题也不好解决。　　（北语BJKY）
[83] S：传真试不了啊，没有信号，只能复印一张，然后……
　　 NC：你可以复印、复印一下，嗯，对。
[84] 我看清炒冬瓜16，蛋糕快，一分钟，你还不一定成功不成功呢，你到时候吃了再说呗，嗯，好，拜拜。　　（diqr070902）

例 [81] 和例 [82] 中的"嗯"出现在评价性回答（"还可以"和"孩子比较多"）之后，用来确认说话人所做的评价，例 [82] 中的"嗯"同时也有结束话轮的作用。例 [83] 和例 [84] 中的"嗯"都是出现在建议功能的话语（"你可以复印、复印一下"和"你到时候吃了再说呗"）之后，起到确认自己的建议内容的作用。

第二节　信息凸显标记

信息凸显标记是指说话人为了让听话人注意自己要说出新的、超出听话人预期的信息，而预先进行提示的言语成分。它是对说话人表达的各信息单元之间的关系的一种提示，包括新旧信息对比提示，话题与陈述关系、前因与结果、前因与结论关系的提示。

■ 30. 哎$_2$（21）

发音为高升调或高降调，发高升调时可拉长，发高降调时短促；其前有明显停顿，其后可停顿可不停顿。用在陈述性的话轮开头或中间，前面有说话人自己或对方的话语，后面引入与前面的信息内容有明显差异的信息，形成事实、结果、结论方面的相反对照，起信息对比的作用。

[85] 人家对这个企业印象好，有好多大的企业到我们考察就这样，哎这个企业老板不一样，他重视企业文化，我们给他赚了钱他不是乱用的，他能够回报社会。　　（cfrs070331）
[86] 王：不是寄给人事部。

叶：是寄给了谁？

王：是寄给了银行的高级副总裁。

叶：哎，这可跟其他人不太一样，一般都是寄给人力嘛，人力是管招人的。

王：对，因为我觉得寄人事部是这样的。　　　（cfrs070616）

[87] 我们做光做这一个牌子，你选，选来选去就那么几个花色，太单调。但如果你看过这个牌子，你觉得，哎这个可能就是说、有可能喜欢这一个厨房的、有可能喜欢这个卫生间的，有可能那一客厅的，一块选。

[88] 我老公在旁边，他陪着我嘛，然后鼓励我，他鼓励的作用挺大的。他就给我说，看见黑头发了，哎，又回去了，哎看见头发了，哎，又回去了。　　　　　　　　　　　　　　　　　　　　（lyyy070531）

例[85]和例[86]中的"哎"接引的后续序列中，有一个"不一样"/"不太一样"，直接显示与前序信息的对比。例[87]中"哎"之前的陈述核心是"单调"，其后的序列则陈述多种可供选择的信息，与"单调"形成对比。例[88]是叙述生孩子的过程，"哎"的后序陈述的信息内容（"又回去了"）都是与前序信息（"看见黑头发了"）相反的过程。

■ 31. 哎₃/唉₂（19）

可以写作"唉"，发音上舌位偏高，其音值接近 [ei]；音高为低升调，长音，其前后都有明显的停顿。出现于话轮中间的一段叙述之后，或两个分句之间，前面的话是叙述或说明某种事件、行为，后面的话是在前面的事件、行为基础上得出的结果或结论，而且这个结果或结论是符合说话人或听话人期望的信息，所以其后的序列中常出现具有顺承因果关系的成分"就"等。

[89] 您只要在这家公司签单装修，您想看看家里装修得怎么样了？只要在这个系统中输入用户名和密码，哎，就可以看见您新房装修施工的进度图片，不用大老远跑一趟，只要坐在电脑前就可以"监督"新房的装修情况。　　　　　　　　　　　　　　　　　　　（mbdb071015）

[90] 现在，很多人都习惯随身携带一瓶滴眼液，看书或者看电脑时间长了，就拿出来滴上几滴，哎，眼睛顿时舒服了很多。　　（mbdb071021）

[91] 可孩子们都会感觉很陌生,但是肯定会唤起中年一代人对于童年的美好回忆,因为这些都是上世纪六七十年代的游戏。唉!北京最近就把这些已经消失多年的游戏找了回来,还专门办了个比赛,叫北京社区民俗趣味运动会。（mbdb071126）

例[89]"哎"后的"就可以看见您新房装修施工的进度图片"是个结果,与后面的"大老远跑一趟"相比,是对听话人来说受益的结果。例[90]"哎"后的句子谓语核心是"舒服",是"滴上几滴"的如意结果。例[91]先陈述原因"肯定会唤起中年一代人对于童年的美好回忆",用"唉"来凸显后面引入的如意的结果"北京最近就把这些已经消失多年的游戏找了回来"。

32.（你/您）（也）（还）（真）别说（47）

该标记的自然重音在"说"上,用于一个话轮或句子的开头。前面可以加"你、您、也、还、真"等成分,组成"真别说""还（真）别说""也（真）别说""你/您（还）别说"等形式；其后有明显停顿,还可带语气词"啊"。董秀芳（2007）和刘永华等（2007）都认为"别说"作为话语标记具有交互主观性,说话人使用它时,主观上认为其后的陈述具有某种新异的特质,与说话者此前所存有的某种观念不吻合,说话者认为这一认识或发现对于听话者来说可能是意料之外的,但的确是真实的,因此有意让听话人做好准备,以便更好地接受这个意料之外的信息。侯瑞芬（2009）进一步指出,"别说"可以用来否定听话人的看法,也可以用来表示同意听话人所说的说话人未料到的内容。我们同意上述各家的观点,但认为该标记同时也有肯定说话人的后序信息为真的作用。其功能可以概括如下：提示听话人后面将出现不符合说话人自己或听话人认知或预期的新信息,并确认该信息的真实性或正确性。其所指向的后序信息在逻辑或情态上与前序话语中或语境预设信息形成明显的对立或差异。其后接叙述事件或评价功能的话语,其中常出现表示肯定语气的动词修饰性成分"真、果然、竟然"等。

[92] 我有一次我就正好儿得了感冒,我就去了。去了一跳完舞,咳,真灵,真灵嗨,**你别说**,跳完真好了。不过出来以后,晚上,晚上睡完,睡觉的时候儿又坏了。（北语BJKY）

[93] 我说你哪儿听来的这个东西,你说。那孩子们都说现在都是。哎,**你还别说**,他们说完以后,我还真是在哪个报上看来着,我就我就都不记得啦,反正他们订的杂志什么的也挺多的……（北语 BJKY）

[94] 王自勇：我爸爸觉得被盗了,结果一问我,当时说实话做了亏心事以后他就感觉到心里内疚,一问就低下头了,说是我卖了,当时他的脸色就挺难看。因为守着我师叔来说没有过多的喊,因为我父亲从小到大没打过我,他脸色当中带的表情和话语当中的表情,可以说比我母亲打我骂我感觉还心里难受。

主持人：**还别说**,老爷子的怀疑竟然还就是真的。（cfgs070615）

例 [92] 中的"你别说"后面的"跳完真好了"是前面的"跳完舞"这一行为产生的超过说人预期的结果。例 [93] 中的说话人对"孩子们都说现在都是"这一信息的真实性有所怀疑,然后看报纸否定了自己的怀疑,用"你还别说"来凸显这种对比。例 [94] 中的"老爷子的怀疑"是交际双发不期望发生的,但实际上却发生了,所以"还别说"提示反预期结果的出现。

■ 33.（我/咱）不瞒你（们）/您说（4）

重音在"说"上,后面可以带"啊"并有停顿；可以位于话轮开头或中间,也可以插在具有直接组合关系的句法成分之间。当插在句法成分之间时,其后可以不停顿。钟玲等（2012）认为"不瞒你说"可以被看作典型的话语标记,它可以出现在话轮的开头或中间,且存在多种变体形式,其语用功能主要体现在语篇功能和人际功能上。在会话交际中,使用"不瞒你说"可以加强交谈双方的亲密程度,解除交际可能存在的戒备等障碍,提示并引导听者注意双方有共同的秘密,以此来拉近彼此间的心理距离,使听话者相信说话人说的话,从而有利于交际的顺利进行。通过对语料的考察可以看出,该话语标记对于交际进程和话轮控制没有影响,不承担话语组织功能,即钟玲等（2012）所说的语篇功能；也不主要承担调节衔接与连贯的主要功能,它可以引入与听话人的情感取向和预期无关、甚至相违的信息。其功能还是凸显其后信息的重要性或非同寻常,提示听话人关注。其后接叙述事实或评价功能的话语,而这种事实或评价在说话人看来是私密的,或不适当、不合听话人期待的。因为它主要出现在说话人欲突出的焦点信息成分之前,所以可以插在句法结构成分之间,以突出某个成分。

[95] 我可能是了,本身就不喜欢暴发户的这样一个形象,再加上弄不清楚我也会像暴发户心态去做事情,比如你和原来同学,原来这些社会关系没有断掉啊,你突然很有钱,他在那边打电话,你弄不清他真的来问候还是打你口袋里的钱的主意,一切都会变的,为什么?当时我,**不瞒你说**,我还让堂弟把家谱寄来了,几年来堂弟就告诉我说要回去记家谱,什么什么,耀光荣祖,我对这事根本不当回事的,我说他很有钱了,我有,我说祖上有这个遗传基因,有遗传基因我可能我要要。(cfrs070728)

[96] 工作有的时候有一些矛盾,你想去那个地方我得计划,凉山,最近凉山有一个事情,我就先去把凉山这个事情头天做了第二天就赶紧去村子,有几次差一点,**不瞒你说**有点危险,就是生命的危险,已经有一两次,因为为了赶回来上班,又不要影响工作,又要把这边照顾好,就是有的时候晚上凌晨三点才赶到西昌。(mdma070805)

[97] 我看过这个蔡志忠先生的一个漫画,就是四个人在公共汽车上,第一个人说:"哎呀我有抑郁。"第二人说:"我也有抑郁。"第三个人说:"**不瞒你们说**我也是抑郁患者。"第四个人就很郁闷,说:"哎呀我好自卑,我没有抑郁。"好像得了抑郁是个很时尚的概念。您是怎么看的呢?(qysf070913)

[98] 主持人:我这里有一个短片大家看一下,我想问问看,这样的事情你们那时候有没有发生过。

短片:阿 sir,有公务吗?**不瞒你说**,过两天英国的雇佣军全部撤走,这里的防务由香港皇家警察署接管。来,阿香,帮个忙,把这个给那边那个丁仔送过去,来吧。我敢肯定,他不会要的。这共产党人也是人。阿 sir,有事儿,把这个给那个丁仔拿过去,求求你了。Good watch。(shss070624)

例[95]说话人主观上不赞同修家谱这件事,但他还是跟弟弟要过家谱,"不瞒你说"在这里提示要家谱这件事是不合意的事件。例[96]中的"不瞒你说"插在具有句法组合关系的"差一点"和评价性话语"有点危险"之间,以突出"有点危险"这个在说话人看来是非同寻常的焦点信息。例[97]中的"不瞒你们说"也是插在具有直接句法关系的述语"说"

和宾语"我也是抑郁患者"之间,整个宾语部分是说话人要突出的信息焦点,且是具有隐秘性的信息。例[98]中后面的信息"过两天英国的雇佣军全部撤走"是说话人认为具有私密性的重要信息,所以用"不瞒你说"来作为提示。

34.(我)告诉你₁(37)

重音在"告"上,"你"弱化。其前带"我"的情况明显多于不带的情况,其后可以加"吧"。当前面带"我"或后面带"吧"时,整个标记倾向于成为独立的句调单位,并在后面有停顿;当其仅由"告诉你"构成时,则可与其所指向的后序句合成一个句调单位,其后可以无停顿。该标记出现在话轮开头或话轮中一个句子前,有时也可出现在一个句子后面作为追加成分。当其处于句前时,前后都有停顿;当其处于句末时,前面可以没有停顿,而成为前面句子的句调单位的一部分。其功能是提示听话人注意新的、具有特异性或隐秘性的信息,并且说话人自己自信该信息的真实性或正确性。其后序话语的功能可以是事实叙述、评价或表态的话语。当其后加"吧"时,有增加说话人对自己所说信息的确信程度的作用。

[99] 河南省新乡市牧野区畅岗村,一个普通村庄,也不知咋的?当地村民对扫帚感情那个深那,深到啥程度?**告诉你吧**,人家走路都夹着扫帚走。新鲜事儿,新鲜人,话说至此,好看又好玩的乡约又要登场了。
(xy090111)

[100] 那候儿我上下班,都是我妈妈接我,早上送,晚上接。要不然怎么说现在这孩子,真应该觉得是,特别是在天堂了,**告诉你**,他们就不知道那旧社会。
(北语BJKY)

[101] 郎咸平:这些所谓的专家、学者什么都不懂。

窦文涛:就你懂。

郎咸平:**我告诉你吧**,可以这么说,我跟你讲,赚不赚钱不重要,取得定价权比什么都重要。

唐清建:对。
(qsrx080912)

[102] 我我没病都不行我说,甭说我有病。可把我气坏了,这这这媳妇儿娶的,我的老天奶奶!我一说我都生气**我告诉你吧**。(北语BJKY)

例 [99] 中的"走路都夹着扫帚走"是一个对听话人来说非同寻常的信息,用"告诉你吧"来凸显这一特征。例 [100] 中说话人用"告诉你"后面的信息("他们就,不知道那旧社会")与前面的信息("现在这孩子,真应该觉得是,特别是在天堂了")明显形成对比,且是说话人自认为重要的结论,所以用话语标记进行处理。例 [101] 中,郎咸平说"取得定价权比什么都重要"是其认为带有秘诀性质的信息,故使用"我告诉你吧"作为引导。例 [102] 中的"我告诉你吧"是追加在所指向的语句之后的话语标记,起到突出说话人"生气"程度的作用。

35.(我)告诉你$_2$(9)

重音在"告"上,倾向独立构成重音群,与其所指向的句子形成分立。后面可以加高调的"啊",前后都有停顿。多数情况下前面都带"我"。出现于话轮开头或话轮中间的一句话之前,也可出现在一个句子之后作为追加成分。其功能是引入对听话人的警告、威胁、命令信息,提示听话人注意警告、威胁的严重性或命令的强制性。

[103] 刘星:我们命好苦啊。

夏东海:这……

刘星:小雨,让小雨去。

夏东海:**我告诉你**,小雨来了你们俩也跑不了。

刘星:小雨。

主持人:我不是小雨。

(dhua070929)

[104] 你那时候跟我说两万五,不是你这玩意儿你,你,到《鲁豫有约》这个节目里来,咱得对得起支持《鲁豫有约》这个节目的观众,一定要实话实说,你跟我说两万五,你打埋伏呢。那一万,**我告诉你**,下去赶紧把那一万还我。

(lyyy110425)

[105] 这问题就是,说你哪儿的?胡同口儿的,就红绿灯那儿。那警察说咱们住街坊**告诉你**,赶明儿有什么碴儿,好找我碴儿啊!好,咱们当时脑子一激动啊,就不顾这个了。

(北语BJKY)

例 [103] 中的"我告诉你"引入威胁话语("小雨来了你们俩也跑不了")。例 [104] 中的"我告诉你"提示要发出不容抗拒的命令("下去赶紧把那一万还我")。例 [105] 中的"告诉你"是凸显警告信息("赶明儿有什么碴儿，好找我碴儿啊"）。

■ 36. 好家伙（77）

一般出现于话轮中间，也可以出现在话轮开头，"好"重读，前后都有停顿，其后常接感叹句和具有评价功能的句子。其功能是提示后面的信息内容非同一般，包括涉及的数量、规模、程度、水平都超出通常的预期值，并同时表达说话人的惊叹。

[106]《南京日报》有篇报道题目就叫《饭店空酒瓶归谁引发六方争议》。**好家伙**，一个空瓶子竟然有这么多人在争，有意思！（mbdb070805）

[107] 看看这腰围，一般家用的尺子根本不够用，还差了一大截。没办法，只好找来用于工程测量的盒尺，**好家伙**，真是不测不知道，一测真奇妙啊！这是多少？身高一米五，腰围一米八，这体型都不成比例了！

（qrqp070712）

例 [106] 和例 [107] 中的"一个空瓶子竟然有这么多人在争"和"身高一米五，腰围一米八"都是超出说话人一般认知范围的信息，"好家伙"在此起到提示这些信息完全超出习惯预期的认知范围，同时都有评价功能的感叹句（"有意思""一测真奇妙啊"）同现，完成表达。

■ 37. 好嘛$_1$（6）

发音上，"好"为重音所在音节，前后有明显停顿。出现在话轮中间或回应话轮的开端，前序为陈述客观事件或事实，这些事件或事实是公共常识或说话人认知的常识，其后引入违背前序常识或超出说话人预期的正常范围和程度的事件或事实陈述，且这些事件或事实对说话人来说是反预期的、意外的结果。其后序句中常包含有"只、全、都、什么"等表范围、程度和数量的成分。

[108] 在这，因为人们都有点儿迷信这"雪花"的，对这"冰峰"的，其他牌子的就不怎么太相信。可是它这个风儿一来，**好嘛**，"冰峰"的，什么都抢。我们车刚从天津回来，晚上五点多，一下儿把车就包围了，就等着，抢。

（北语BJKY）

[109] 我们现在都要买了二期的物业费还没定呢？一期是地上是50，一个月，二期也没有定。**好嘛**，单价单价不知道，物业费，停车费也是一

问三不知,这所有的东西都没谱,让人怎么掏钱买房呀? (qrqp070608)

[110] 然后我上一、上一手机弄一个什么那个,索尼Z二八,**好嘛**,两年,最贵的一手机两年坏了。

例[108]中,"好嘛"是提示本来不是抢购对象的"冰峰"也成为抢购对象这一反预期事件,后序语句中包含范围副词"都"。例[109]是用"好嘛"凸显其后的"一问三不知"的事实是违背常识的,后序语句中也出现了范围副词"都"。例[110]则以"好嘛"来突出"最贵的一手机两年坏了"这种不正常的事件。

■ 38. (也)就是(说)$_1$ (2685)

当该话语标记组成成分只有"就是"和"也就是"时,重音落在"就"上;当其带有"说"时,重音落在"说"上。该标记有多种凸显信息的功能,各功能的使用条件和表现不太相同,下面分别说明。

(1)凸显结论(290)。其前可加"也",后面可以加"说",并可以有停顿,但一般停顿较短。用于一个话轮或谈话最后一段话语序列的第一个句子之前,其前会有一段较长的话语序列,内容是陈述事实或观点,其后的话语序列则是在前面的陈述基础上得出的结论,或对其进行概括,以使听话人明白说话人所要传递的关键或核心信息。

[111] 按照王石的说法他现在六个亿,你想三百多万六个亿也有两百倍,两百倍在这十多年里面是一个什么记录呢?按照巴菲特,巴菲特持有《华盛顿邮报》超过三十年,他的收益是一百二十八倍,那么他持有万科十几年他的收益是两百倍,**就是**,这一类的神话在现实里面确实发生了。

(cfrs070203)

[112] 嗯,这个国家生产也就兴旺了,是哇,这个这个,嗯,物资呢,也都,生产也提高了,哎,这样儿话呢,**就是说**我们生活就越来越好,啊,越来越好。

(北语BJKY)

例[111]中"就是"后面的话"这一类的神话在现实里面确实发生了"是对前面的陈述的一个概括性总结,提示对事实的陈述结束,由一个信息单元转入另一个信息单元。例[112]先陈述事实(物资、生产都提高了),然后转入由此得出的结论("我们生活就越来越好"),插入"就是说"起到提示转入结论的作用。

（2）凸显评价（1209）。这是该话语标记作为元语言标记使用频率最高的用法。在该话语标记前面有明显停顿，其后面可以加"说"，之后也可以有明显停顿。该标记常插在具有句法组合关系的两个成分之间，如谓语和宾语之间、主语和谓语之间，或状语从句和主句之间，其功能是提示后序信息为焦点信息，这些焦点信息为说话人的评价或建议。当其处于谓语和宾语之间时，其前的谓语中常包含表示评价义的"觉得、认为、想"等动词。

[113] 我觉得在这一点，**就是**中国人有些可怜，那么辛苦。

（lyyy070518）

[114] 按我说应该是这样。我觉得，**就是说**，你可以先去找专业，还有一个你在企业里面去实习，还有一个你跟企业去接触，往往这个企业不是说你一去就能够成功的，甚至你可以选择五六个企业。（diqr070610）

[115] 嗯，从从解放以后呢，**就是说**人跟人的关系就不一样了。你比如说吧，我，为什么说护士工作越干心里越高兴呢？（北语BJKY）

上述三例中的"就是（说）"都是引入焦点信息。例 [113] 中引入的是评价功能的小句（"中国人有些可怜"），它在结构上是前面的动词"觉得"的宾语。例 [114] 引入的是一个建议功能的小句（"你可以先去找专业"），在句法上也处于宾语地位。例 [115] 也是引入一个评价（"人跟人的关系就不一样了"），该评价暗含与"解放前"的对比预设，"就是说"具有突出这个预设的作用。

（3）凸显陈述（1186）。其后一般较少停顿，但当其后加上"说"时，会更多地出现停顿。位于陈述事实、介绍情况功能的话轮中间，位置灵活：可以出现在一个句子的开头，后面紧跟着一个完整的句子；也可出现在句子中间，将具有直接组合关系的成分分开。它可以单个出现，也常常在一个句段中连续出现。其功能是将话题和陈述分开，凸显后面的话语是关于前面的内容的陈述与说明，相当于述语或述位标记。因为前面的陈述可以作为后面陈述的话题，所以，该标记可以在相邻的句子中连续使用。

[116] 比如说他下边房子租出去，他咖啡厅租出去，比如说物业的房租，比如说电梯里面的广告，比如说外面的广告牌，**就是**这些的收益，**就是**取出一部分管理费用，然后就返还给我们。（dqr070408）

[117] 高秀英：对，旁边是女厕所，**就是**每天，尤其是夏天的时候，

就是异味特别地浓，根本就开不了窗户。　　　　　　　（lyyy070521）

[118] 有几个小朋友啊，哎，老都是老街坊了，在那哈儿啊，哎，哎，**就是**一块儿，**就是**学一学呀，练一练伍的。　　　　　（北语 BJKY）

[119] 就拿现在来说就说这个，我来到回民医院这儿是，**就是**说将近半年了吧。　　　　　　　　　　　　　　　　　　（北语 BJKY）

例[116]中"就是"后面的两句话是对前序的话题（房子租出去的收益）的陈述。例[117]中的第一个"就是"之前出现一个主位信息"旁边是女厕所"，之后引入一个既是前序主位信息的述位信息同时又是后序句的主位的"每天，尤其是夏天的时候"，然后又再次使用"就是"引入一个述位信息"味特别地浓，根本就开不了窗户"。此例中可以明显看出"就是"对于提取主位、述位的作用。例[118]跟例[117]一样先后用两个"就是"提取次主位和述位。例[119]则是将具有直接句法关系的两个成分"是"（述语）和"将近半年了"（宾语）分开，凸显述语部分，相当于提取出述位信息。

39. 老实说（10）

重音在"说"上，并可拉长，后面可以加语气词"啊"，前后可以有停顿也可以没有。出现在回应话轮或一个句子的开头，也可插在有句法结构关系的话题和陈述成分之间。其作用是提示后面的信息是说话人主观上认为真实、正确的，但说话人认为这些信息对于听话人或公众来说此前并不了解或不太相信，同时也表示期待听话者相信自己所言。后序话语的功能可以是陈述事实，也可以是主观评价。

[120] 那么一个仁爱的仁，他是整个儒家思想的核心，那么这个字到底什么意思呢，学生也去问老师，何为人呢，老师的回答就两个字，说爱人。也就是发自内心的善意，对他人好，那你说这个人好做到吗，**老实说**爱人是件很简单的事，我自己要想追求仁，他也就到了，仁义就到了我的心里。我想这么做他就可以来到。　　　　　　（fztd070417）

[121] 学里做过一个思想调查问卷，里面很多军官或者准军官或者是明天军官，他们的答卷都是把假想敌化成中国，而且**老实说**反华意识、反华倾向是相当明显的。　　　　　　　　　　　　　　（jrgz071113）

[122] NS1：买一、买一三千不如买一它呢。

  C：啊？

  NS1：一步到位，这车，机器*老实说*不算、不算是……

  例 [120] 中的"老实说"引入的"爱人是件很简单的事"是一个不太符合公众普遍认知的观点。例 [121] 中引入的"反华意识、反华倾向是相当明显的"是一个公众不太了解的事实。而在例 [122] 中引入的是"机器不算（很贵）"这个听话人认为消费者不太了解的情况。这些情况下，使用话语标记凸显新信息、新观点，并增加听话人的可接受度。

■ 40. 你（2434）

  这一标记在发音上弱化，不能重读，后面一般没有停顿。多用于话轮中间，处于一个句子之前，且不与所引导的句子存在句法结构和语义结构关系。乐耀（2010）将由这个意义泛化的第二人称代词"你"和举例发端词"像"组成的"你像"作为一个话语标记来考察，而我们认为"你像"是两个成分组成的结构。该结构的意义由"像"承担，"你"可以去掉，且"像"的意义并非完全虚化，多数时候去掉的话影响前后话语的衔接与连贯，所以"你像"的"你"是话语标记用法，而"你像"是包含话语标记"你"的一个结构，不是一个话语标记，"像"是否为话语标记且存疑。作为话语标记的"你"的功能是说话人提示受话人注意说话人要针对前序的话题，引入例证或假设，以进一步论证前序信息。其后常跟"像、比如、比方、假如、如果、要（是）"等成分，后接语句为表达非现实性信息的陈述句，在该陈述句之后，还有判断、评价功能的话语。

  [123] 好多珠三角的企业招不到员工，说中国的劳动力优势已经没有了，实际上是老子如果 800 块，*你* 20 年以后儿子还是 800 块，怎么可能，他不用去做。   （cfrs070203）

  [124] 规定的，比如说在上海，它是抗十级地震或者十二级台风，*你*如果是十三级台风，十四级的台风。   （cfrs070317）

  [125] 别动不动上医院，到医院，*你*好比是，我是大夫吧，我也不认得你是张三、李四、王二麻子怎么回事儿，对不对，你就说我脑袋疼，我无非也就是常规，对不对，哎，常见的，推测一下儿，对不对，再问问你，对不对，再看看你的历史，也就是你的病历呀，是不是。

                （北语 BJKY）

例 [123] 是通过举例假设（"20 年以后儿子还是 800 块"）来论证"劳动力优势已经没有了"。例 [124] 是通过举例假设（"是十三级台风，十四级的台风"）来否定"抗十级地震或者十二级台风"的现实能力。例 [125] 中的第一个"你"是引入假设事件，作为后序陈述的话题；第二个"你"是引入假设的事实例证（"也就是常规""看看你的历史"）来推断"动不动上医院"会是怎样的结果，间接论证自己的观点"别动不动上医院"。这些例句中都用"你"来引入某种具有论证说话人观点作用的假设性陈述。

■ 41. 实话说（1）

"说"音节可拉长，后面可以加"吧、了"等成分，前后一般都有停顿。出现在回应话轮或一个句子的开头，也可插在有直接结构关系的话题和陈述成分之间。该话语标记功能与"老实说"一样，其作用是提示后面的信息是说话人主观上认为是真实、正确的，但可能与听话人或公众的预期不符。后序话语的功能可以是叙述事实，也可以是评价，还可以是表示某种态度。这种用法语料中仅见一例，说明其很少使用。

[126] 观众：罗先生，赏一碗。

罗志祥：来、来、来。

观众：**实话说**，我觉得跟五星级厨师比差一点，但是还是很不错。

（lyyy110727）

例句中观众的评价"跟五星级厨师比差一点"，与被评价对象的期待不符，"实话说"起到预示评价内容有违评价对象期待的作用。

■ 42.（它/这）说起来（61）

用于话轮开头或话轮中间，其功能主要是针对前面对方或自己所说的话当中的某个信息来引入和提供新信息，而这些新信息改变了前面的叙述进程，使话题暂时发生了一定程度上的转移或延伸，用"说起来"使得前后话题有差异的话语能够自然连接起来。该标记前面可以加"它、这"等指代成分，以及"要、严格、现在"等限定性成分，后面可以加"啊、呢、吧"等语气词，前后一般都有停顿。

[127] 还真是如他所料，让他轻而易举地跟美国 COSCO 公司成了合

作伙伴！说到他这个秘密武器，倒是非常有意思，**说起来**，他还得感谢一个躺在婴儿车里哭闹的孩子！　　　　　　　　（cfgs070620）

[128] 都谈过几次，他说我们沙排到你们朝阳公园来，你们不高兴吗？好像你们不欢迎啊？瞧瞧人家都有点急了。**说起来**啊，以往沙滩排球都是选在沿海城市的海滩进行比赛的，这次定在北京，定在城市中心的一个公园里。　　　　　　　　　　　　　　　（cfgs070914）

[129] 叶：你也很独立？

章：对，我也很独立，而且他很尊重人，他非常尊重人。但是呢其实老实严格**说起来**，家里很多大的事情如果做什么决策我一定会跟他商量，我相信他也理解我对他的尊重。　　　　　（cfrs070303）

例[127]中的"说起来"后面的信息是脱离了前序话题进程而临时插入的一个对听话人来说意外的新信息（"他还得感谢一个躺在婴儿车里哭闹的孩子"），话题发生了转移。例[128]和例[129]中的"说起来"都是引入了与前面的信息有一定矛盾关系的对比信息。

■ 43.（咱/咱们）说实话（107）

重音多在"话"上，也可在"实"和"说"上。其前一般都有停顿，可以加"咱（们）"，后面可以有停顿也可以没有，还可加语气词"啊"。出现在回应话轮或一个句子的开头，也可插在有直接结构关系的话题和陈述成分之间，还可以追加所指向的陈述信息之后。其作用是突出某个信息在说话人看来是真实的，或外人不了解的，其指向的话语内容一般都是对事实的陈述，且该事实对说话人来说多是不希望发生的、不如意的事情。

[130] 一些简单的损伤，我也不专业，**说实话**都是临时学的。就是用双氧水用棉花消毒一下，用碘酒。　　　　　　　　（qrqp070808）

[131] 一个小孩儿，你要一个人挣三十块钱，两个人四十块钱，你抚养一个小孩儿也挺困难的。你要现在呢，两个人呢，**说实话**就没有挣四十块钱的。　　　　　　　　　　　　　　　　　（北语BJKY）

[132] 在人集中的情况下，都上班。都需要，都怕迟到。现在就是说上班吧，谁都怕扣奖金，**说实话**。　　　　　　　　（北语BJKY）

以上三个例子中的"说实话"都是指向对事实的陈述，这些事实都不是说话人觉得应该存在的理想情况。例[130]中的"临时学的"是表能力不足,对应前面的"不专业"。例[131]中的"没有挣四十块钱的"这一事实在说话人看来不足以养一个孩子。例[132]中的"谁都怕扣奖金"的情况也是说话人不希望发生的。

44.(我/我们)说实在的(173)

重音一般落在"在"上,前面可以停顿也可以不停顿,后面有明显停顿;其前可以加"我、咱们",后面可以加"吧、啊"。出现在回应话轮或话轮中一句话的开头,也可以出现在有直接组合关系的话题与陈述之间,还可以出现在句子后面,作为追加标记。其功能是引入说话人的陈述、评价、态度等,并表示说话人主观上认为这些陈述、评价和态度都是真实的或正确的。其所指向的内容为陈述、评价或表态功能的语句,而该陈述、评价和态度对说话人或听话人来说是不符合期望的、消极的信息。

[133] 如果说你光那么干,干听,*说实在的*听不出什么来。不懂,就是越,觉得他们说得越说越快。　　　　　　　　　　(北语 BJKY)

[134] 马斌:那得留神,晓薇。
　　陈沛:但陈晓薇那儿,我*说实在的*我不是太敢去,我完全不像文辉刚才觉得人家很弱小,我觉得她非常强大,强大得使我们在她面前,可能会显得……　　　　　　　　　　　　　　(swsj070321)

[135] 这里有必要回顾一下历史,想想这个赛季前三次和太阳遭遇,火箭上演失利帽子戏法,*说实在的*,确实是挺窝囊。　　(jrty070417)

[136] 这个,你说我吧,在旧社会,咱们说实在生在旧社会,生活挺苦的,根本没有文化。你高中毕业了,也没有什么,*说实在的*。
　　　　　　　　　　　　　　　　　　　　　　　　(北语 BJKY)

"说实在的"在例[133]中指向的陈述"听不出什么来"是对说话人来说不如意的情况。例[134]中的"我不是太敢去"是说话人认为不应该的。在例[135]和例[136]中指向消极评价语句"确实是挺窝囊"和"你高中毕业了,也没有什么"。

45.我敢说(2)

重音在"说"上,前面一般都有停顿,后面可以有停顿也可以没有。用于回应话轮的开头或话轮中间的句子开头,后面接表示某种不同寻常的判断、评价的话语。其功能是增强说话人对后面所做的判断的肯定程度，并显示说话人自信的态度。

[137] 是啊我要问他为什么？你看我这个有时候给他揭露点，他在说我断章取义，断章取义什么意思？断章取义就是这个东西是有的。*我敢说*他诬陷不是没有的，所以我觉得很奇怪这个人，到最后他怎么自救，我感觉这个事很奇怪。（cfrs070630）

[138] 因为我们那时候儿已经进入就是最后毕业考试时期了，我们当时一心的就想着上大学。所以呢，我们呢，*我敢说*，我们那拨儿教育质量是不错的。（北语BJKY）

例[137]中"他诬陷不是没有的"是明显带有贬斥意义的激烈言辞。而例[138]中"我们那拨儿教育质量是不错的"是说话人的自我褒扬。两例中使用"我敢说"来提示后序判断的性质，并凸显说话人的这种贬斥或褒扬的肯定态度。

46. 我看（418）

自然重音在"看"上，并可拉长发音。其前可加"据、依、以、照、就、要"等成分，其后还可加"啊、吧、呢"等语气词。出现在回应话轮开头或话轮中一个句子前头，也可以出现在具有直接组合关系的两个句法成分之间，还可以出现在所指向的句子之后。曾立英（2005）认为其功能是缓和语气和表谦虚；陈振宇等（2006）认为它是认识情态和道义情态标志，只能与非现实的、未确证的事件相联系；张旺熹等（2009）将其界定为话题认知标记，用于标引说话人对于当前话题的主观认知、推测或后时提议，并提升委婉性。参考各家观点，我们将"我看"归入信息凸显标记，认为其功能可以概括为提示所引信息为说话人个人的主观判断、评价或建议，同时该标记还提示说话人认为该判断、评价或建议为正确或合理的。

[139] 故事太多了，不知道从哪说好，因为辛亥革命就是各自搞起来的，所以各个省都有很多故事，就讲武昌这个地方，我觉得特好玩。就*我看*，这个起义其实它有很大的偶然性，咱们历史上都说起义的爆发是因为事先俄租界，就是国民党的据点被暴露了，他们四个炸弹炸了，暴露了，暴露之后什么东西都落到人家手里头了。然后人也被杀了，有的跑了，群

龙无首了，所以实际上是对革命起义的破坏。*我看*，恰恰是因为这个，如果这个起义据点不被破获，如果这帮头不跑，按部就班的起义，我估计十有八九成不了。

（qsrx110920）

[140] 现在这个社会上啊，据*我看*，是啊，嗯，从中央来讲呢，对，对内呢，就是搞活经济对外开放。

（北语BJKY）

[141] 来话筒给旁边这个小伙子，我看你憋了好半天了，给大伙学学，林黛玉略带忧郁的微笑。林黛玉略带忧郁的微笑，就是这样的，是不是？*我看*，我也别为难你了，话筒给旁边。

（xiangyue 090805）

例[139]中的两个"我看"都是用来引入说话人自己对一个事件（"辛亥革命"）的判断（"这个起义其实它有很大的偶然性"和"十有八九成不了"）。例[140]中的"我看"也是引入对事件（中央的对内政策）的判断（"搞活经济对外开放"），前面加"据"具有增强主观性的作用。而例[141]中的"我看"则是引入说话人的建议（"我也别为难你了"）。

■ 47. 我说$_1$（205）

重音在"说"上，但整个标记发音相对其后的句子弱化，不能拉长发音，一般后面也没有停顿，多位于话轮中间的某句话的句首。张旺熹等（2009）将"我说"形式的话语标记作为一个标记看待，认为其为话语提示标记，用于凸显话语焦点，吸引听者注意力，有开启新话轮、插话或在现有话轮中转移话题焦点的作用。我们认为"我说"开启新话轮、插话功能与转移话题焦点的用法不同，后面所接的句子形式和交际功能也明显不同。所以我们将其一分为二，"我说$_1$"相当于张旺熹等（2009）的转移话题焦点功能，而他们所说的开启话轮和插话功能则属于人际互动的联络标记，我们记作"我说$_2$"。作为信息凸显标记的"我说$_1$"是用来引入说话人针对前序话语系列中他人或说话人自己陈述的事实或观点做出的进一步解释或评价，提示听话人关注该信息，且显示说话人对自己的判断与评价的确信。其后序话语的核心句为表达判断或评价的句子。

[142] 哈哈，女儿哇，哎，有俩结婚的，儿子呢，也有俩结婚的，除了我们这个奎义还没结婚呢，都反正是这个好。*我说*这好的是原因在哪哈儿啊，就是一个呀，呃，父母哇，一个，少担负，这是一个。

（北语BJKY）

[143] 其实这问题我想很简单地说明一下，就是我想不管是外企、民企还是国资，任何企业当中都有好的企业，选择企业，*我说*主要不是选择一个行业，而是选择这个企业有没有战略，选择这个企业是否规范。我的想法我的认为，选择一个企业，要看这个企业不管是民企国企还是跨国企业，主要是选择它有没有战略，规范不规范，这是非常重要的。（tnfb070325）

在例 [142] 中，说话人先陈述了一个判断（有俩结婚的好），然后用"我说"来引入解释该判断原因的话语（父母少负担）。在例 [143] 中，"我看"的前序话语中隐含着一个"选择企业要选择好的企业"的命题，其后序话语"主要不是选择一个行业，而是选择这个企业有没有战略，选择这个企业是否规范"的功能是前序命题的进一步评价。

■ 48. 我想（913）

自然重音在"想"上，并可拉长发音；其前后可停顿，也可不停顿，后面可加"啊、呢、吧"等语气词。可以出现在一个话轮或句子的开头，也可以出现在有直接组合关系的话题和陈述之间，还可以出现在所指向的句子之后。张旺熹等（2009）认为该标记的功能为话题认知，用于标引说话人对于当前话题的主观认知、推测或后时提议。我们认为该说法还有些抽象，应细化。其具体功能是引入可能有违听话人预期或认同的评价、建议或表态功能的话语，并降低这些话语对听话人的不合意程度，以使听话人更容易接受。其后接评价、建议或表态功能的话语。

[144] 马斌：谢坤泽先生，这算卖点吗？
　　谢坤泽：*我想*，故事跟创意是最重要的。　　（swsj070412）

[145] 现在，中超将第一次由国内企业冠名，*我想*，大家应该开始脚踏实地做事了。钱少点没关系，只要都花在刀刃上，3600 万也够用了。
　　　　　　　　　　　　　　　　　　　　　　　　　（jrty070302）

[146] 在家里面没事儿干，我当家庭主夫，家庭的基础其实打得蛮好，到现在我常常不在家，可是家人感情还很好。所以*我想*，也要感谢那六年蛰伏的时期。　　　　　　　　　　　　　　　（mdm0707227）

在例 [144] 中，马斌期待谢坤泽对焦点信息"卖点"做出肯定性的回答，而谢坤泽可能觉得"卖点"这个说法不能接受或不够积极，就以"故事跟创意"代替了"卖点"来回答，做出"故事跟创意是最重要的"的评价，这不符合马斌的预期，所以使用"我想"来处理。例[145]中的建议功能话语"大家应该开始脚踏实地做事了"，包含"以前大家做事不够踏实"的评价预设，对听话人而言具有负面评价性质，因此，为了提高说话人的建议的可接受度，使用"我想"作为引导。例[146]中说话人明白"六年蛰伏的时期"在听话人的认知中是没有成就的不如意事件，但说话人的看法与听话人相反，所以用"我想"来提示其观点不同于听话人的预判。

49. 要我说（201）

重音可以落在"要"上，也可以落在"说"上，其后可加"啊、呀、呢"等语气词。用在一个回应话轮的开头，或话轮中间的一个句子的前面，其作用是引入说话人对正在谈论的话题的观点、建议、态度等，且这些观点、建议、态度与公众或听话人的认知不相符甚至相反。其前可以出现对某个话题的介绍、评价、建议的话语，作为引入后序话语的前提、话题或理由。

[147] 指不定那时候中国队已是国际足联排名第一了，又指不定那时候咱们已经不玩儿足球了。**要我说**，不要那么消极，更不要那么无所谓，至少领导同志还是很有信心的。（jrty070206）

[148] 所以，一定要在医生的指导下，每天使用的剂量、次数要符合科学要求，从而达到最佳效果，千万不可长期使用。**要我说**，缓解眼睛疲劳，还是咱小时候那几招好使，比如做做眼睛保健操了，看看远处的蓝天、白云、绿叶儿、美女……（mbdb071021）

例[147]中的说话人先提出了观点（"指不定那时候中国队已是国际足联排名第一了"和"指不定那时候咱们已经不玩儿足球了"），随后根据这一观点提出建议（"不要那么消极，更不要那么无所谓"），其观点和建议都和现实公众的看法显然不相符，使用"要我说"来提示后面的建议的非同一般。在例[148]中，说话人要针对自己的建议（"千万不可长期使用"）进一步发表评价（"缓解眼睛疲劳，还是咱小时候那几招好使"），但这个评价显然也是跟公众的认识不太一样，所以使用"要我说"来进行处理。

50. （这/这话）（该）怎么说呢（88）

自然重音在"说"上，该标记前面前可以加"这、这话、该"等成分，并且前后都有明显停顿。用于一个陈述话轮中间，或者回应提问的话轮的开头，一般都位于两个句子或短语中间，也可以插在有直接组合关系的句法结构中间，使其分离成不同的表达单位。曹秀玲（2014）将其分别放在独白体和对话体中进行考察，认为其功能有：标示一时语塞，找不到合适的表达方式；引出说话人对前文表述观点的进一步解释和说明；介于话题和说明、评论之间；独白性表述结束前总结上文；引出前一话轮问话的答语；回避或转移敏感话题；引出对对方看法的委婉反对和对某人或事物的负面评价；表示说话人吞吞吐吐，欲言又止。我们认为，这种分类过细，且不都是从功能角度的分类。宋晖（2015）认为该标记是对思考时间的"占位"，相当于本书所说的填补空白标记。我们通过对语料的深入考察，发现其后的信息总是听话人关注和期待获得的新信息，也看不出无话可说或想不起来怎么说的情形。所以其表达犹豫或占位功能是次要的，主要还是标示后面出现的是焦点信息，且该信息内容可能不符合听话人的预判，或者可能与听话人的认知观念不符；其后的话语功能一般是对事件的叙述、解释、评价或表达某种态度。

[149] 拜访迎送，这个我，从我个人角度，**怎么说呢**？一般的拜访没有。有那么几个朋友，但是都很随便的，嗯，算是参加工作以后认识的，和原来的同学，就是很随便。　　　　　　　　　　（北语BJKY）

[150] 体育运动，嗯，这体育运动从我个人来讲啊，我对这个，爱好不多。因为一直是，作为我来讲，嗯，**怎么说呢**？从学习角度吧，嗯，可能在我发展上比重更大一点。嗯，特别是搞了电子，无线电以后，就更不爱动了。　　　　　　　　　　　　　　　　（北语BJKY）

[151] 要说我家庭的情况啊，可能说是，**这怎么说呢**？我们哥儿十个，姐儿五个。嘿，现在得八十多口儿，九十口儿人得，九十口儿人，就我们这一支子。　　　　　　　　　　　　　　　　　（北语BJKY）

[152] 她没有这压力，你这么一来吧，给这，无形之中就给人施加这种压力了。我觉得，嗯，已经到这时候儿了吧，**这话怎么说呢**？现在只能我行我素了。　　　　　　　　　　　　　　　（北语BJKY）

例 [149] 中说话人认为自己要做的陈述"一般的拜访没有"可能不符

合听话人的预期,所以使用"怎么说呢"来进行提示。例 [150] 中说话人觉得自己不爱好体育运动不符合听话人或公众的预期或理念,为此而使用"怎么说呢"来引入解释性陈述。例 [151] 中的说话人要介绍的家庭情况"哥儿十个,姐儿五个""九十口儿人",超出一般的家庭人口数量,说出来会让人惊讶,"怎么说呢"在这里起到提示后面的信息非同寻常的作用。例 [152] 中的"怎么说呢"后面的表态信息"现在只能我行我素了"也是说话人觉得听话人可能不认可的。

第三节 解释标记

解释标记是说话过程中,说话人为了让听话人更准确、清晰地理解自己刚刚说过的内容,而表示进行解释的提示语。这些解释包括转换表达方式、解释具体内涵、描写具体情况、举例证等。

■ 51.(也)就是(说)$_2$(2634)

当该标记不带"说"时,重音在"就"上,可不停顿;当带"说"时,重音可以在"说"上,并可停顿。整体上发音相对弱化,当其后无停顿时,与其后序句构成一个完整的句调单位。当其后带"说",作为解释性话语标记时,有多种功能,并且有不同的形式表现。下面分别说明。

(1)阐释概念(685)。前面可加"也",后面可加"说",并可带有停顿。常常插在句中,可出现在谓语动词之后,宾语的定语成分之前,其前后成分共用同一个主语和谓语。其功能是引入一段描述性的话语(通常是一个定中结构短语),对其前或其后所说的某个话题概念的内涵或外延进行具体的、形象化的描述、阐释,以使听话人能够更清楚地理解所说的内容。在其前后,会出现作为描述的话题概念的体词性成分,且经常带有"一个、一种、那样"等限定性标记。当描述的话题概念难以用一个现成的名称来指称时,常用"一个、一种、那样"来代替。该话语标记指向的语句的交际功能为描写或评价性质。

[153] 我很希望可以办一个那种**就是**草皮上面听的,然后大家都躺着啊坐着啊带枕头,躺着就算了吧,想要办一个这种很随性的,然后很嬉皮的那种演唱会。
(lyyy071116)

[154] 你知道在那样一个气氛下，在那样一个*就是*等级森严的，*就是*考试成绩决定你的地位的情况下，我的地位就变得非常高了。

（lyyy071024）

[155] 所以我现在努力达到一种解脱，一种*就是说*，我的自我是不需要被肯定，或者当然已经被肯定得比较多了。　　（lyyy071024）

例[153]中的"就是"后面的描述性话语（"草皮上听的""躺着啊坐着啊带枕头""很随性的""很嬉皮的"）都是对后面的"演唱会"这一话题概念所指情形的描写。例[154]中的两个"就是"后面的话语（"等级森严的""考试成绩决定你的地位"）都是对说话人所说的"气氛""情况"的特征界定。例[155]中的话题概念是"解脱"，"就是说"后面的话（"我的自我是不需要被肯定，或者当然已经被肯定得比较多了"）都是解释怎样才算说话人所说的"解脱"。三例中都用了限定性成分"一个""一种"来引介描述内容。

（2）转换解释角度（420）。后面可加"说"，并可带有停顿。出现在句首或句中的谓语动词之后、宾语修饰成分之前，其功能是引入一个对前面的信息的内涵、属性、范围等进行限定、解释的话语，或换一种表达方式，以使听话人更准确地理解信息的含义，减少误解的可能。所以其后常接限定性从句（如介词短语等）来设定解释的角度或条件。

[156] 那么海油是中国所有的国营企业中间第二个赚钱的，噢，不，不，不，最赚钱的，说起来，*就是*从盈利率来讲，全国最赚钱的企业。（cfrs070310）

[157] 我觉得其实公平来说，因为我也是回来创业的，我们在四年的时间，我们公司从基本上一年几百万的销售，到今年大概5亿的销售。所以前面几年，我们*就是说*在困难的时候，这个政策对我们的扶持确实很大，但是到最近两年的话，我们就大大地回报给国家了。　（tnfb070102）

[158] 我现在非常知道把握我现在所拥有的，*就是说*不管是我的家庭，不管是我现在拥有的事业，我曾经很想去创造一番很大的事业，好像这番事业在台湾创业到大陆来，希望在多久以内把这样东西全国来开连锁啊，上市啊。　　　　　　　　　　　　　　（cfrs070721）

例[156]中用"就是"引入对前序的"最赚钱"这一说法的另一个角度（"从盈利率来讲"）的解释。例[157]中的"就是说"后的"在困难的时候"是用来说明前序的"前面几年"的性质。例[158]中的"就是说"

接引的"不管是我的家庭,不管是我现在拥有的事业"是对前序的"我现在所拥有的"所做的范围界定。

(3)解释原因(842)。其后可以加"说",并可带有停顿。出现在话轮中间,一个句子的开头或主语成分之后,其功能是引入表达原因、理由的话语。其前的话语序列已提出了对某种情况的叙述或提出某种观点,其后所接话语为表达观点或推断功能性质,说明前序判断或观点的理由。

[159] 不成功的人不要恨这个社会,*就是*他一定还会有机会再起的。
(cfrs070203)

[160] 这里头一点儿菜也没有,是不是,为什么这么吃呢?这主要*就是说*现在菜贵,这往后就好了,往后大白菜下来了。 (北语BJKY)

例[159]中先提出了一个观点("不成功的人不要恨这个社会"),然后用"就是"接引支持该观点的推断性理由("他一定还会有机会再起的")。例[160]中先叙述一个事实("这里头一点儿菜也没有"),后说明原因("现在菜贵"),用"就是说"来引入原因。

(4)举证(687)。其前有停顿,其后可以加"说",并可带有停顿。出现于话轮中间,一个句子的开头,在其前的话语序列的内容为叙述事实或提出某种观点、建议,其后的话语内容是针对这些事实或观点、建议而举例,或提供更多相关的背景信息,以补充前序叙述或支持前序观点。

[161] 这都是属于家长生气,孩子也生气,倒不如大家可以友好协商一下,*就是*我邻居的一个同学他告诉我,他和妈妈有一些冲突,比如说,上课外班,就是经常会听到旁边的那堵墙就,啊,蹦,啊,蹦,这样的,对很形象,就是这样的,到时候问他,只要一问她,鼻子就会一酸,泪水就噼里啪啦掉,说,我不想上课外班,就那样的,非常的可怜。(shss070603)

[162] 这个,这个灰尘,就说这个机器啊,咱们这屋里头有什么尘土啊,都吸了,*就是说*毛主席那个那个那个纪念堂里头有,有二十台,哎,就搞那个的。
(北语BJKY)

例[161]中说话人先提出观点("这都是属于家长生气,孩子也生气"),后面开始列举符合该观点的事例,"就是"在这里起到引介例证的作用。例[162]的说话人介绍了自己参与生产的一种吸尘机器,之后用"就是"引入该机器的使用事例,以说明这是一种高级的、重要的机器。

52. 可以说（359）

重音在"说"上，并可拉长。前面有明显停顿，后面可以停顿也可以不停顿。后面常接"是"字句。它可出现在话轮中间的一个句子之前，或插入在构成句法结构关系的主题和陈述两个成分之间，其功能是引入对前序话题的陈述，以及对前面主题信息的进一步的、补足性的评价、解释，以突出这些评论和评价，这些陈述信息主要由表示评价、判断功能的语句构成。

[163] 那么李想你看上去他就是，他来自河北，他是非常沉稳和周全的，**可以说**少年老成，他是一步一步做他的这样的价值，他的商业跟别人不一样，他的商业很实在，然后他管理的人也是最多。（cfrs070203）

[164] 因为白麂是非常珍贵的动物，那**可以说**一个是丰富了我学校仿真标本馆的一个种类，第二个**可以说**大大提升了我这个仿真标本馆的档次。（cfgs070806）

[165] 这是在你的记忆当中非常灰色的一段记忆，那我在想，今天在人们的心目当中，星巴克帝国**可以说**是光环闪耀，在回顾的您的人生经历的时候，您为什么会选择这样一个灰色的记忆开始落笔呢？（cfrs070113）

例 [163] 中的"少年老成"是对前面的"非常沉稳和周全"的进一步补充评价。例 [164] 中的两个"可以说"后面的话（"丰富了我学校仿真标本馆的一个种类"和"大大提升了我这个仿真标本馆的档次"）都是解释前面的事件（取得白麂标本）的重要意义。例 [165] 中的"光环闪耀"是对前面的话题（"星巴克帝国"）的评价。

53.（它）是这样（子）（的）$_2$（84）

该标记有"是这样"和"是这样子"两种基本形式，重音位于"这"音节上，后面有停顿；"样"可儿化，也可带后缀"子"，并可加"的"，还可以加语气词"啊"；其前可以加虚指代词"它"。一般出现于回应话轮的开头，也可出现在说话人本方话轮中间。钱玉莲（2012）认为该标记有三种功能：一、话语提醒标记，用来提醒听话者自己有话要讲，引发话轮，构建话语框架；二、信息追加标记，说话者为尽可能清晰地表达自己的意思，用来预示自己会补充新信息，或对上下文进一步解释说明；三、态度标记，表达说话人在特定语境中的态度、语气和情绪，以方便听话人更好地理解整个话语的意思。王长武（2014）也对该话语标记做了研究，认为其功能是解释说明、引发话题以及停顿填充，以将"这样"所代表的后续的复杂行为或事件处理成一个连贯的、条理化的、整体的模块，凸显后接的新信息，同时还制造悬念，加强语气，以引起听话人的特别关注。王长武（2014）的分析基本对应钱玉莲（2012）的第一个分类。通过对语料的考察，我们发现该标记不一定位于话轮开头，所以不能认定其有开启话轮的作用；而钱玉莲（2012）所说的态度标记不太容易甄别其本身传递什么样的情感和语气。综合上述两家的成果以及对语料的深入考察，我们认为该话语标记的功能是提示要针对听话人所提问题或本方的前序话语的陈述、观点、建议等做解释或进行评价，其后接叙述事实或表示观点功能的话语。

[166] 主持人：那如果说你不是成心的话，怎么自己的课有那么多不及格呢？

儿子：*是这样*，一方面吧，我高中时不怎么写作业，然后在大学也这样。　　　　　　　　　　　　　　　　　（xlft070326）

[167] 马斌：请宁向东先生给我们这一环节，做一个点评吧。

宁向东：*是这样*，其实幸福不幸福，要跟你的所求相比，求而不得为苦，苦的反义词就是乐，Happiness 就是幸福。　　（swsj070328）

[168] 因为我们野战部队吧，*是这样子*的，你到哪个地方儿去，走哪条线，谁也不知道。　　　　　　　　　　　　　（北语BJKY）

例 [166] 和例 [167] 中的"是这样"都位于回应话轮开头，其后的话是对会话另一方的问题和请求的回答。其中例 [166] 是叙述事实（"我高中时不怎么写作业"），例 [167] 是进行评价（"幸福不幸福，要跟你的所求相比"）。例 [168] 中的"是这样"则是出现在一个较长的话轮中间，引入对一个事物（"野战部队"）的进一步解释（"你到哪个地方儿去，走哪条线，谁也不知道"）。

■ 54. 说白了（42）

重音在"白"上，前后都有停顿，并可在后面加上"吧、啊"。出现在一个回应话轮或一个句子之前，也可以插入在有直接句法结构关系的话题和陈述之间，其功能是延续说话人自己或谈话对象的前序话题和陈述内容，引入进一步的、补充的或不同角度的解释或评价，而这种解释或评价，在说话人看来是更具有本质性的，且为消极的解释或评价，具有降低陈述内容价值的作用，所以其后序话语不能出现说话人认为是合意的、期待的或具有赞扬性质的信息内容。其所指向的话语的功能可以是叙述、评价、批评或质问。

[169] 这公司上市的目的是什么呢？那是为了融资，**说白了**，是用股票换钱。有了钱，你上市公司才能做更大的生意。公司挣了钱，才能给股民分红。（cfgs070402）

[170] 先问大伙儿，你们肯定在平时做生意，会和很多女老板打交道，女经理打交道，你最不喜欢她那点是什么？**说白了**，就是你最讨厌她那点是什么？（swsj070321）

[171] 现在再来讨论中国队抽到的是不是下下签，已经没有多大的意义，毕竟，一旦结果产生，也就是只有认命的份了。**说白了**，以中国队现在这个实力，分到任何一个组，出线的道路都不会一片平坦，中国队关注的更多的应该是自己，而非别人。（jrty071126）

例 [169] 中的"说白了"之后的判断"用股票换钱"是用来进一步解释前序的"融资"概念，但显然后者更"好听"，降低了"融资"的积极性等级。例 [170] 中的"说白了"引入了明显具有贬义的评价语"讨厌"，对应前序的中性的"不喜欢"，使评价转换为消极性的评价。例 [171] 是在做出一个一般性的评价（"中国队抽到的是不是下下签，已经没有多大的意义"）之后，进一步从不同角度补充不如意的消极评价（"以中国队现在这个实力，分到任何一个组，出线的道路都不会一片平坦"）。

55.（咱们）说（得）明白点（吧）(3)

重音在"明"上，其前可以加"咱们"，后面可以加"吧"，前面有明显停顿。当后面不带"吧"时，停顿与不停顿两可；当带"吧"时，会有停顿。出现在回应话轮开头，或话轮中间的一句话之前。其功能是对前面的谈话话题做进一步、更明确或不同角度的解释或评价，其后的话语内容可以是叙述、评价，也可以是提出要求。

[172] 王朝晖：按照税务管理的体制来讲，办理税务登记是企业的法

定义务,他即使是说在一起办公,但是是两个不同的机构,相应地也要办理一个税务登记,简单讲像我们原来讲就是一个企业可能在其他地方还有分支机构,这种情况需要向当地的税务机关办理一个税务登记。如果说我在总部旁边,或者与总部一起成立了一个分公司,分公司本身来讲,也具有独立经营的性质。虽然可能在纳税上来讲,他会归并到总公司来统一纳税,当然规定来讲,作为一个独立的机构,仍然要办理税务登记,这是税务法的一个明确的规定。

　　武军:*说明白点吧*,你比如王朝晖律师他们在北京有一个总的事务所,在北京有一个分所,在杭州也有一个分所,在其他地方也有分所,北京的分所就和总部在一起办公,但是北京分所依然自己还要办一个税务登记是吧? （fztd070524）

　[173]《工人日报》上说,如今老年人也都进步了,时尚了。*说得明白点*是更有经济眼光了。 （mbdb070823）

　　例[172]中对话双方在讨论分公司独立进行税务等级的问题,武军认同王朝晖的说法,并为就其观点进一步举例支持,"说明白点吧"在这里起到引入具体解释的作用。例[173]中"说得明白点"后面的"更有经济眼光了"是对前序的"老人也都进步了,时尚了"而做的不同角度、更具有本质性的评价。

■ 56. 我的意思（就）是（说）(123)

　　重音通常在"意"上,前面有明显停顿,后面停顿与不停顿两可。"是"前可以插入"就",标记后可加"啊"。出现在回应话轮开头,或话轮中间一句话之前,其功能是对自己所说的话的信息内容加以解释或修正,以使听话人明白自己前述信息内容的确切所指或说话人的真实意图,也可以用来在一定程度上改变说话人前序话语的意思,如降低或提高褒贬色彩等。其后的话语功能可以是叙述、建议、评价或提问。

　　[174] 哎,从按我们党的原则,确实应该肯定他们的成绩,他们的思想是积极的。是啊,是从正面来说,确实是,呃,世界观改造得好,他们的实际行动做得好。呃,可是呢,客观说呢,有些人,一些不同的看法儿,咱也不能强迫他,都到大西北去,是啊。学生毕业各有各的志愿,各有各的志向。我们还允许,是啊。就是,**我的意思就是**不要分哪,我们南

方人就怎么聪明，能干，哈。你们西北人就怎么土气，落后。不要搞这个地区之分，哈。

（北语 BJKY）

[175] 梁文道：还是你说实在点。

窦文涛：对，我说你丑就丑。

许子东：你丑我也爱你。

窦文涛：不是，*我的意思是说*，有人从国家层面上讲，就是说有时候我们中国人，不要那么，就是美国人狡猾着呢，你知道吗？他整天说，有时候美国人散布这个论调啊，他说你们中国牛啊，你们现在全世界看你们中国。

（qsrx081008）

[176] 这次却不同，因为这个过程特别的漫长。而这种怀疑是非常折磨人的。以我的观点来看，这不是一件简单的事情。*我的意思是*这种怀疑使人痛苦。我认为从某种程度上，去判别一个建筑师，一个艺术家的水平如何，就是看这种令他痛苦的怀疑。

（mrmd071007）

[177] 我这回是给您骗过来，为了表彰您一下。但是*我的意思是*咱北京的出租司机，都应该向您学习，还是那句话，好人一生平安。

（qrqp070906）

例 [174] 说话人在说有关毕业分配的地区选择问题，先说了其观点是允许有自己的想法和志向，然后用"我的意思是说"引进补充解释（"不要分哪"），意思是不应该按被分配者来自哪个地区来考虑。后面补充的解释和前序的观点的逻辑关系是一个问题的正反两个角度。例 [175] 中窦文涛认为许子东对自己所说的"我说你丑就丑"理解不对，于是用"我的意思是"引入解释，以修正许子东的误解。例 [176] 中说话人先提出了观点"这种怀疑非常折磨人"，后面又换了个角度，使用"痛苦"来再次阐述其观点，用"我的意思是"来处理这种转换。例 [177] 中的"我的意思是"引入的话"北京的出租司机，都应该向您学习"是对其前面出现的"骗"的负面色彩的修正，同时也是对"表彰"的进一步解释。

57. 我是说（22）

重音在"说"上，前面有明显停顿，后面停顿与不停顿两可，后面可加"啊"。出现在回应话轮开头，或话轮中间的一句话之前，其功能是说话人提示对自己前序话语信息内容做进一步解释、评价，包括明确话题、信息焦点、解释原因、表明观点等，以使听话人明确其所指或意图，降低听话人误解可能性，其后的话语功能可以是叙述、评价、建议或提问。

[178] 主持人袁岳：开完奥运就要注意了。

　　吕平波：不是说开完奥运就不行了，*我是说*奥运之前是安全期，你可以难得糊涂，你可以稍加放纵，你可以犯错误，在这个时候犯错误，是有改正机会的。

（tnfb070121）

[179] C：微矩啊？三十八还能调微矩呢！

　　S：啊？

　　C：三十八还能设微矩吗？三十八的镜头。

　　S：*我是说*在微矩里面效果非常好，可以设里边，效果相当好，特别清晰。

[180] 我这儿要什么？有，有，有房子住，有床睡就行了吧，是不是啊，要按人家一般人考虑的不是这样儿。*我是说*，咱们还是没有钱。

（北语BJKY）

例[178]中，吕平波认为袁岳对自己的话的关注焦点在"开完奥运"，不符合自己的意图，而用"我是说"将信息焦点改为"奥运之前"。例[179]中C说的"三十八还能设微矩"偏离了S谈话的话题，S就用"我是说"将话题拉回到自己原本的话语功能上来，做出评价，"在微矩里面效果非常好"。例[180]中的"我是说"引入的话"咱们还是没有钱"，是对前面叙述的情况"要按人家一般人考虑的不是这样儿"的原因进行解释。

58.（咱们/我/我们）(跟你/您)这么说吧（39）

重音在"这"上，实际发音为[tʂən^{51}]。前面常可加"咱（们）、我（们）、跟你（您）"等成分，前后有明显停顿。用于对话进行中的一方话轮的开头，或者是一个谈话或话轮中间的一个句子之前。其功能是对说话人自己前面所谈论的话题或者听话人的问题做进一步或转换角度的解释、评价或追问，以使听话人获取更具体的信息及更准确理解自己的话。

[181] 到家我就跪下了，怎么了，好几年，挨公安局干，我挨公安局。*我跟您这么说吧*，我八零年，就七八年进的公安局，我八零，八零年到的茶淀，以前在这一监。

（北语BJKY）

[182] 大牛：你让我说完，我的工作不是为了生活，我生活是为了工

作,它是互相的,知道吧?

  马斌:总之*这么说吧*,你认为一心可以二用。（swsj070620）

[183] 杨凤池:合适是什么概念,是你这性格不适合学习吗?
  儿 子:是不适合在这种环境下学习。
  杨凤池:*咱这么说吧*,在什么情况下,你可以好好学习?

              （xlft070326）

  例 [181] 中,"我跟您这么说吧"后面的内容是对前面"我挨公安局"这一话题做进一步的陈述。例 [182] 中的"这么说吧"后面的话是对谈话对象的观点"我生活是为了工作"做出另一种角度的解释。例 [183] 中的"咱这么说吧"则是转换角度对听话人的观点"不适合在这种环境下学习"进行追问("在什么情况下,你可以好好学习")。

第四节 表态标记

  表态标记是说话人用来提示将对某事物表达自己的情感与态度的成分,多用于表达欣喜、悲伤、不满等情感或批评、否定的态度。

59. 不是（26）

  "不"为高调,"是"弱化,整个标记发音短促,与其后的句子构成一个句调单位。多出现于回应话轮开头,或话轮中间的一句话之前,还可以插入在话题和陈述之间。刘丽艳（2006、2011）对"不是"的这种用法做了分析,认为其在话语活动中的功能有引发和反应两种功能,分别表示交际者前后交际状态、交际角色的不一致和他人的言语或非言语举动与标记使用者原有认知倾向的不一致,其中反应功能是主要功能。"标异性"是话语标记的核心义,是交际主体对不断变化的语境信息所做出的顺应性反应。综合刘丽艳（2006、2011）的研究结论与我们对语料的考察结果,我们认为不管是引发还是反应功能,从交际功能上看,它都标示说话人对受话方或本方前序话语中所含的事件、观点或建议的否定或批评的态度,后面接表示否定、批评或陈述理由的话语。

  [184] 主持人:有的时候,人说"人生得意须尽欢",这过去讲这个话

说朋友在一起,好朋友在一起,比如说多年未见的老同学一块儿,说需要醉倒一次。

顾俊:**不是**,你醉倒在床上没事儿,别醉倒在车上。

(rysh071215)

[185] C:(指家具)这都看出来了,你看这块木头贴的!贴得都看出来了!

S:这尺接拼木怎么能说贴的呢啊?

C:**不是**,这、这个不、拼的、这不是拼缝都看出来了吗?

[186] 拘留儿的也好,教养的也好。咱好赖的呀,就是说着点儿,督促着点儿,哎,别叫他进了那,那儿去,**不是**,多寒碜哪!说小孩儿时候儿也是这么说;如果你们要不好好儿听话,领导给你们安排什么你们干什么。

(北语BJKY)

例[184]中顾俊要对主持人说的"需要醉倒一次"的观点做出部分否定,"不是"用来引入批评的话语("别醉倒在车上")。例[185]中C想对S的观点("这尺接拼木怎么能说贴的")做出否定(原意想表达这个不是看不出来,但没说完整),用"不是"来引入否定的话语和理由。例[186]中的"不是"用来引入对前面的叙述"他进了那,那儿去"的否定性评价("多寒碜哪")。

■ 60. 不是我说你(们)(21*)

重音在"说"上,其他成分都相对弱化,结尾为升调。前面有停顿,后面多无停顿,音步构成为"不是—我说—你(们)"或"不是我—说—你(们)"。乐耀(2006、2011)把该话语标记与其他由"不是"构成的结构(如"不是我批评你"等)作为一类进行研究,认为这类结构是由主观性和语用推理动因产生,其功能是说话人向受话人表达自己的态度、评价等主观因素信息。通过对语料的考察,我们发现其中的"不是我说你"这一组合形式,根据其形式与功能特征应该划分为两种情况。其一是由"不是"与其他成分组合的不具有凝固性的句法结构,"不是"后面可以相对自由地替换不同的成分,具有一定的能产性。它可以前置在所指向的话语之前,也可以追加在所指向的话语之后。语调上,它有主重音和次重音,主重音在"说"上,次重音在"不"上;音步组合为"不是—我—说—你(们)"或"不是—我—说你(们)",尾调为降调,且前后都有停顿,构成一个独立的句调单位,所以它更像是一个句子。而"不是我说你"的另一种用法在调型、音步及停顿上都不同,它依附于后序的话语序列之上,不构成独立句调单位。两者的交际功能也有差异,前一种是用来提示否定性评价或制止义的建议或要求,引入的核心句是带否定性成分的陈述句;而后一种是用来责问的,所指向的核心句为主观否定或批评性质的反问句或带有否定、批评预设的疑问句,是一个话语标记。该标记的功能是表示说话人对受话人的做法或观点的否定、反对或批评态度。

[187] 他们跳的舞有种健美操加广播体操的感觉[汗]金北鼻**不是我说你**干嘛老是夹米秀中间他们俩想对视都被你阻挡。（BCC 微博）

[188] 胖子说:"这有什么值得大惊小怪的,可能是树种子长在墓室下边,树越长越大,最后就把坟墓的夯土顶破,把里面的棺材顶了出来,所以这棺材就在树顶了,**不是我说你们**,什么脑子啊,屁大点事都想不明白,还好意思大老远跑来倒斗。"（BCC 微博）

[189] 那群家伙的更新就是我现在的力量源泉!爱马仕男士腰带实拍。这才是最高进口原版皮品质……顾客们送礼绝对有面子。微信下单H_M1888 不就 LOL 么你就一直说我坑记录都在这呢**不是我说你**除了剑圣你敢不敢用别的跟我 SOLO?咱俩要不就 ADC-ADC 上单 - 上单中单 - 中单 3 局 2 胜你看行不谁输谁道歉!!!（BCC 微博）

例 [187] 中的"不是我说你"后接一个反问句"干嘛老是夹米秀中间",意思是批评金北鼻夹在米秀中间的行为表现。例 [188] 中的"不是我说你"后直接接表示否定的反问句"什么脑子",意思是批评受话人脑子不清楚。例 [189] 中的"不是我说你"后接一个反复问句"除了剑圣你敢不敢用别的跟我 SOLO？",但其中包含有"你不敢跟我 SOLO"的语用预设,还传递对受话人的行为否定和批评的态度。

61. 好不好（379*）

重音在第二个"好"上,其余音节相对弱化,结尾可以是升调也可以是降调。前面多无停顿,后面有停顿。与表示协商的疑问句的"好不好"相比,其重音不可转换到"不"上。出现在话轮中间的叙述或评价性的陈述句之后,指向前面的话语信息。郑娟曼等（2008）对该话语标记做了深入的考察,将其界定为否定标记,可以否定命题真值条件或命题方式的适合条件，其功能包括提醒、拒绝、申辩和反驳四种。他们所说的这四种功能，实际上包含着同样的语用预设，即假设受话人对某情况的认知或评价与说话人对立，所谓提醒、拒绝、申辩、反驳都是否定性的言语行为。所以，可以将四种功能概括为一种功能，即用于提示对预设的受话人的认知或态度予以明确的否定，并提高对自己的认知的肯定量级。说话人在使用这一标记时，往往并不是在实际交际对象中有人说出了其所预设的信息，而只是说话人自己假设的预设，主要是为了提高对自己的叙述或评价的肯定量级。其所指向的前序句为叙述功能的判断句或评价功能的形容词谓语句。该标记与"好嘛₂"功能相同，只是相对而言，可能来自南方方言区的年轻人使用得更多。

[190] 说那么要多当心我想说，助人为乐这种事情是自愿的**好不好**，不是不帮，只是说每个人都该做好自己的工作，不是吗？

（BCC 微博）

[191] 郁闷，自七月份以来每个月"大姨妈"来的时候都发生糗事，我快崩溃了这不是我**好不好**，"我"到底神游到哪里了？？？（BCC 微博）

[192] 今日好似有一丝丝秋意啦~~~总把脾气留给对自己最亲的人：被人爱的感觉很奇妙，可你必须明白，很多事情理智才能判断清楚，不是害怕，而是勇敢转身骂骂骂就知道骂，钥匙找不到我也很火的**好不好**，U盘还在钥匙串上，资料都在里面！

（BCC 微博）

例 [190] 中的"好不好"指向前序判断句"助人为乐这种事情是自愿的"，包含一个预设：有人想强迫他人助人。"好不好"在这里表示对这个预设的否定态度，并表明自己的观点。例 [191] 中的"好不好"指向前序否定形式的判断句"这不是我"，其预设是假定受话人认为"这是我"，而"好不好"是对这一预设的否定。例 [192] 中的"好不好"指向评价功能的主谓谓语句"钥匙找不到我也很火的"，是对"找不到钥匙没关系"的预设的否定。"好不好"在上述各例中，都明显提高了说话人对自己的叙述或评价的肯定量级。

■ 62. 好嘛₂（465*）

与"好嘛₁"的语调特征明显不同，重音在"嘛"上，"好"相对弱化，尾调为升调或降调。前面一般无停顿，后面有停顿。其功能与前文的"好不好"完全一样,只是来自北方方言区的人可能使用更多。

[193] 又到了要跟黑中介们斗智斗勇的时候了……北京根本没有不黑的中介**好嘛**,@爪赛赛你太天真啦!（BCC微博）

[194] 我们一起珍惜光阴吧,晚安哎呀,时间过得真快啊,人不管做什么都要抓住时间,不要浪费了。我承认,有时候我会很幼稚,但是,那也是因为我不想失去**好嘛**,Jimmy传我的速读系统真是不错,以后又有事干了。（BCC微博）

[195] 以前找工作,一天也等不来几个电话,是有多嫌弃我。我觉得我很多才多艺的**好嘛**,上哪找我这种多元化的人才。（BCC微博）

例[193]中用"好嘛"追加在"北京根本没有不黑的中介"的否定形式判断句后,是表示对"北京有不黑的中介"这个预设的否定。例[194]中的"好嘛",指向否定形式陈述句"我不想失去",否定"可以失去"的预设,实际上提高了对自己话语的肯定量级。例[195]中的"好嘛"指向评价功能的句子"我觉得我很多才多艺的",明确否定"我缺少才艺"的预设,但这个预设在上下文语境中有话语对应,实际上是说话人假设的预设,通过这种方式来提高对自己"多才多艺"的肯定的量级。

■ 63.（我/咱/这）说真的（33）

重音在"真"上,前面可以加"我、咱、这"等成分,前后可以停顿,也可以不停顿,后面还可加语气词"啊"。用在对话进行中的一个话轮的开头,提出问题或回应对方的话;也可出现在话轮中间的句子前面,或插入在一个话题成分和陈述成分之间,其功能是提示后序话语的感情色彩,以求获得听者的认同。后面的话可以表达痛苦、悲哀、恐惧、失望等情感,也可以是表达高兴、喜悦的话语。

[196] 主持人:好,这个本片的导演,要替晓红也来说说看,夺得这个奖项之后,有什么样的感想,跟大家分享一下。

　　李建民:**说真的**,作为一个农民来说,我觉得今天站在这个中央电视台的舞台上,我觉得心里特别激动,为什么呢?（shss071014）

[197] 像我们都那什么了,我们都三十多岁了,也没赶上这个。文化大革命,赶上文化大革命了,这个文化大革命,**说真的**,哎呀,受害呗。

我们真正的知识我们没有学到,我们现在三十多岁,要学习是有一定的困难。

(北语 BJKY)

[198] 一天你提拉着心。这工头儿只要一瞅你不顺眼,得了,他一琢磨你,**说真**的心里就提心吊胆的。本来是一个月挣不了多少钱,就提心吊胆的。

(北语 BJKY)

在例 [196] 中,"说真的"的后序话语明显是表达说话人的兴奋。在例 [197] 的话题("这个文化大革命")和陈述("受害呗")之间插入话语标记"说真的",传递说话人"受害"的悲伤感情。例 [198] 中的"说真的"则是提示说话人对后序陈述("心里就提心吊胆")的恐惧情感。

64. 他妈(的)(26)

与作为詈骂语的同形成分相比,没有单独的重音,而是作为其所插入的句子的句调单位中的非重音段。"的"也可以省略。多插在一个具有句法结构关系的成分之间,也可以出现在一个句子的开头或一个话轮的开头。插在句法结构成分之间时,一般前后都没有停顿。其功能是对其前或其后的某个事物或情况表示不满、气愤的情绪或否定、批评的态度,也可以是装作不满、气愤或否定、批评。与多数话语标记指向后序话语信息不同,该标记可以指向前序信息。

[199] 结果最后呢,他就对老师有成见了;你干嘛上我们家去,啊让我**他妈的**挨揍,是不是,结果呢,他对老师反感。 (北语 BJKY)

[200] 我不让人来接。别,买点吃的,接就讨厌,我最讨厌这玩意儿,是吧。干嘛呀,这名不其实,这**他妈的**跟这人瞅着,说这一家怎么怎么回事呀,这个呀,哎,介绍人人家带着哪,坐公共汽车给他送去了。

(北语 BJKY)

[201] C:我现在想找一个舒适、舒适宽敞一点儿的。
 NS:舒适?
 C:我开捷达,我怎么觉得捷达**他妈的**太破。

在例 [199] 中,"他妈的"指向"挨揍",传递说话人对"挨揍"的不满。例 [200] 中的"他妈的"指向前序的"这",进而间接指向"让人来接",是表达对这种行为的否定和厌恶。例 [201] 中的"他妈的"指向其后的"太破",增强该评价的不满情感色彩。

第五章
人际互动功能标记

我们从语料中共发现31个人际互动功能话语标记,其出现频率为8445次,占总频率的18%,是三种功能话语标记中使用最少的。其中,频率最高的联络标记"啊$_2$"在所有话语标记中也只排在第九位,另一个联络标记"你看$_1$"居第十位,其他的都出现得不算多。人际互动标记相对来讲使用得少些,可能是因为人际互动是伴随着交际行为实时发生的,既然发生了对话,对话行为本身就是进行着互动;而且,人际互动可以借助表情、体态语等非语言手段传递,所以会使用非语言手段部分替代语言手段进行处理。人际互动功能话语标记可以按其对交际产生的作用再划分为四个次类:联络标记、寻求认同标记、关系调节标记和协商标记。其中联络标记(10个)和寻求认同标记(17个)较多,另外两类很少,总共只有4个。可见,人际互动话语标记的主要功能是保持与听话人的密切联络和寻求认同。具体分类和统计见表4。

表4 人际互动功能话语标记分类及统计

次级分类	话语标记条目及频率
联络	啊$_2$(1785)
	哎$_4$/唉$_3$(417)
	那什么$_2$(3)
	你说$_1$(126)
	(你/您/你们)听我说(28)
	(你)听着(4)
	我跟你说/讲(455)

（续表）

次级分类	话语标记条目及频率
联络	我说₂（87）
	我问你（30）
	（你/您/你们/大家）知道吗₁（241）
寻求认同	大家（都）知道/我们（都）知道（373）
	对吧（225）
	对不对（154）
	哈（592）
	（你）看（36）
	（你/你们）看看（45）
	你看₁（949）
	你说₂（484）
	你说说（6）
	你想（296）
	你想想（看）（173）
	你/您知道（436）
	（你）瞧（108）
	是吧（503）
	是不是（264）
	（你/您）知道吧（189）
	（你/您）知道吗₂（237）
关系调节	啊₃（1）
	我说你（29）
协商	你看₂（18）
	（那）(你/咱们)（要不）这样（吧）₂（151）

第一节 联络标记

在言语交际过程中，说话人会关注听话方是否在注意听自己讲话，所以说话人在传递语言信息的同时，也会向听话人发出某种信号，请求其关注或回应自己的话语,传递这种信号的言语成分我们称之为联络标记。

65. 啊$_2$(1785)

发音上为高降调,不可弱化,也不能拉长音节,前后都有明显停顿;可与其前的句法结构单位合成一个句调单位,并成为所在句调单位的重音。它出现在一个话轮、句子或句法成分之后,其功能是向听话人索取对自己前序话语信息的反馈,以确认对方接收到自己的信息,同时也表示对自己的言语行为的确认。当该标记出现后,听话人一般要做出言语的或非言语的回应。其前的话语的功能可以是叙述、通知、建议、评价及道谢、道别等。

[202] C:唉——!可惜了可惜了。……先这样吧,回头再说吧。谢谢你啦。**啊**。

　　S:没事儿没事儿。

[203] 现在我也有这种看法,是哇。所以我对孩子们我也这么说,对粮食得特别得注意,来得不容易,**啊**。种一棵这个粮,这收点儿粮食不容易,**啊**。辛辛苦苦,真是一个汗珠子掉八瓣儿,就那样儿,咱们得爱惜那粮食。
　　　　　　　　　　　　　　　　　　　　　　　(北语BJKY)

[204] 我说大叔,我说你懂吗,现在只是调解,你看写得明白,保险公司下来人家才赔给咱们,经过了交警队才赔给咱了,**啊**!不给我钱,不给我钱我给你龟孙子,我给你条子,我看叫你去办去吧,说的,他一生气了他把那个条子撕了,拿走不拿来了。　　　　(jyf120420)

例[202]中的说话人在做出感谢的言语行为后追加一个"啊",相当于确认自己的感谢,并引起对方的注意。例[203]中,说话人在重复陈述自己的观点(粮食来得不容易)时重复使用"啊",是在向听话人索取反馈,希望听话人认同。例[204]中的"啊"出现在叙述一个说话人认为是经过波折才实现的事实("经过了交警队才赔给咱")之后,追加一个"啊",是为了获取听话人对这个波折的认同反馈,相当于在说"你看是不容易吧"。

66. 哎$_4$/唉$_3$(417)

书面上可以写成"唉",其音值为[ai]或[ε];发音上呈高降调,短促,前后都有明显停顿。可出现在话轮开头或话轮中间的一句话之前，其功能是对所选择的受话对象发出信号，让其注意自己要转换话题。后面接提问或建议、劝说功能的话语，且其中包含指称受话人的成分。

[205] NS：那还有一圈儿！（走过去）这边这款。

C：哎，你这只能是这样了是吗？

S：你也可以单卖。

[206] 王女士你看这就是京 GB5288，2月9号，19号20号25号，全是在平谷大兴庄八次违章，全是超速。**哎**，王女士，您不是您家没车吗，王女士说了，这事还得从几年前说起。　　　　　（qrqp070424）

[207] 冯先生老伴：我们两个当天骑车去天安门转了一圈，就高兴，就想喊出来。我高兴，我盼了多长时间啊（人掉泪了）。

记：**哎**，挺高兴的事，您就别难过了。好了，把眼泪擦擦，咱们帮您一块儿挑家具去。　　　　　　　　　　（diqr071014）

[208] 看守出去了，我们几个围成一圈。当过建工局党委书记的董文兴对我们说："**哎**，小伙子想开点！"我们凑成一副对联。（lyyy070501）

例 [205] 中的对话进程是销售员 NS 在引导顾客 C 参观商品，而 C 忽然要提一个新的问题，就使用"哎"来呼叫和提示。例 [206] 中说话人在叙述事件之后，忽然要转向模拟旁观者提问，使用"哎"也是模拟真实中呼叫听话人的情景。例 [207] 中冯先生老伴在流着泪叙述令其愉快的事件，记者要转移话题到劝说对方（"别难过了"），所以使用"哎"来呼叫听话人。例 [208] 的交际场景中，显然众人的心情、情绪不太好，董文兴这时要劝慰他们，就用"哎"来呼叫听话人，表示自己要发表与听话人此时情绪明显有对立的新信息。

■ 67. 那什么$_2$（3）

重音在"什"上，"么"为升调，与其后的句法单位合成一个句调单位，其后可停顿可不停顿。出现在话轮开头或话轮中的一个句子前，也可插入在具有句法结构关系的成分之间。其功能是提示交际对象自己要开启新话题，并寻求对方反馈，其后接提问、请求、要求功能的话语。

[209] NC：我说用上两年也算寿终正寝了。

C：*那什么*，哎！

NC：嗯？

C：你先了解一下这个，（对售货员）你再给介绍一下这个，这一个的电池薄。

[210] 完事我说**那什么**你别着急，我们会想办法，我当时办公桌里有100块钱，我就给她，我说这100块钱少一点，你留下吧，留下来给孩子买一点饭吃。完后我就回来了，回来以后我就想办法怎么能解决这个问题，我还询问过媒体解决这个问题。　　　　　　（lyyy090425）

[211] 家，家里给点儿钱，零花儿钱，都买了邮票了，小时候儿。什么邮票都有，家人，家人家人也买，买点儿。**那什么**，那会儿都有什么票啊？　　　　　　　　　　　　　　　　　　（北语 BJKY）

例 [209] 本来的话题是在讨论某个一个型号手机，C 插进来转换话题（要推荐另一款手机），用"那什么"来呼叫听话人听自己的新建议（"你先了解一下这个"），与其后的呼应"哎"的功能是一致的。例 [210] 中是在叙述事件之后，要开始提出建议时使用"那什么"来提醒听话人关注。例 [211] 说话人在叙述事件过程中，话题忽然转向询问听话人"那会儿都有什么票啊"，插入一个"那什么"起到提示说话人准备回应问题的作用。

68. 你说₁（126）

重音位于"说"上，升调，"你"可弱化。用在对话进程中的话轮开头，或话轮中间一个句子的开头，也可出现在一个有直接组合关系的话题和陈述之间，有时还可出现在句子末尾，作为追加成分。当位于句前时，前面有停顿，后面大多没有停顿；当处于句子末尾时，前面可以不停顿，后面有停顿；当位于话题和陈述之间时，则前后都可以不停顿。其功能是呼叫听话人关注自己后序要提出的观点信息，其后的话语通常是反问或设问功能，所以包含着疑问形式的句子，但实际上是要表明观点。

[212] 叶：但是也有人说，宗总太强势了。

宗：那**你说**强势好，还是不强势好？我觉得一些企业也好，什么也好，没有强势的领导这个企业搞不好，这也是中国的特性。　　　　　　　　　　　　　　　　　　（cfrs070630）

[213] 他莫名其妙，他以为都是我的，我跟他……，而且把媒体转过来还是我个人利益在跟他什么，如果从我个人利益出发的话，我卖给你我

退休了，不干了，是不是？我现在*你说*生活有没有问题？不会有问题的。

(北语BJKY)

[214] S：其实这一款挺好的。

C：其实这彩屏*你说*有什么用啊？有用么？

S：你不是说撑流行么？哈哈！就那一流行趋势嘛。

例[212]和例[213]都是用"你说"引入一个设问，来突出自己的观点（"没有强势的领导这个企业搞不好"和"不会有问题"）。例[214]则是引入的反问（"有什么用啊"），还是间接表明说话人的主观态度。在这里，"你说"是呼叫听话人关注自己的观点。

69. (你/您/你们)听我说(28)

与表示真实的请求、命令的"听我说"相比，语调为前低后略高，结尾为升调。不能在"听"和"我"音节上加强调重音。其前可以加"你、您、你们"，但也不带重音；后面可以加"啊、呀"。前后都有停顿。出现在对话进行中的一个话轮前，或一个话轮中的一句话之前。其功能是呼叫听话人，表达自己要说出与对方所讲的话题、事实、观点不一样的信息，这些信息在说话人看来是听话人不了解、不理解或不认同的，其后序话语的功能为叙述、解释、评价、建议等。该标记同时也有争取话轮的作用。

[215] 陈立群：我不对上海人有偏见，我对上海文化有偏见，我认为上海文化，因为它是一个长期封闭的文化，你看上海人他有方言。

卓福民：错了，上海是开放式城市。

陈立群：**听我说**，这个文化实际上，是从语言上形成了，从很多生活习惯上形成的，所以，我就讲它是封闭型文化。 (mdm100808)

[216] 窦文涛：那么所谓叫什么经济适用房，还是限价房？

任志强：这是第二类，政府帮助和政府免费是两个概念。

许子东：*你听我说*，在香港有50%的人住在公屋里。

任志强：我同意你的看法。

许子东：香港50%的人自己买楼的，另外有50%人一辈子住在有几百块租的房子里面。 (qsrx100326)

[217] S：我跟您说啊，这款，而且摩托罗拉产品都比较不错，我跟您说，它的保修售后都特别好，一年之内保修，10天之内给您更换新机，7

天之内有问题都可以给您退换的。

　　　　C：诺基亚呢，因为，我，诺基亚用、用过两个都是诺基亚的，我更喜欢诺基亚的。

　　　　S：您听我说，诺基亚、摩托罗拉、三星这三个牌子都是说它们三个都是做比较都是平等您知道吗？都可以做比较，大家都选用自己的产品，都是这样的。而且这产品挺不错的。

　　例[215]中陈立群对上海文化的负面评价，卓福民对此表示不赞同，陈立群坚持自己的看法，并要做进一步解释，就使用了"听我说"来呼叫对方，让谈话回到自己的话题上来。例[216]中的窦文涛和任志强在讨论政府对百姓购买或租赁住房的扶助话题，而许子东想要提供他们不了解的新信息（"在香港有50%的人住在公屋里"），于是使用"听我说"来呼叫对方，表达自己有新信息，并夺取话轮。例[217]中，S不太认同C的观点（"我更喜欢诺基亚的"），就使用"您听我说"来引入自己的评价（"诺基亚、摩托罗拉、三星这三个牌子都是说它们三个都是做比较都是平等"）。

▍70.（你）听着（4）

"（你）听着"这个形式有一种表示警告和命令的用法，但它可以单独构成话轮，所以本书不认为其为话语标记。而作为人际互动标记的"（你）听着"在语音上与前者不同，自然重音虽然也在"听"上，但不能重读，整个标记语调偏低，与所指向的后序句相比处于低调域，且结尾为升调，其后可以加语气词"啊"。出现在话轮开头或话轮中间一句话的开头，其功能是呼叫听话人，表达即将引入说话人认为具有某种不符合常理的信息，其后接叙述事件或提出建议、要求功能的话语。

　　[218] 不，它的故事不重要。*你听着*，我们做一道题。你今天让任何一个世界知名导演，他都不可能在两个小时之内讲完《金婚》这样的故事，讲完《潜伏》这样的故事，他讲不出来。为什么？这东西容量太大。

　　　　　　　　　　　　　　　　　　　　　　　（qsrx101224）

　　[219] 这是他跟我说的话，*你听着*，他说我卖的就是没有跑风的，还有一个单独的安装费，那是一个旧暖气，不具备什么跑风。（diqr071125）

　　例[218]中的说话人要提出一个不具备现实性的建议（让世界任何一

个导演在两小时之内讲完《金婚》《潜伏》这样的故事)。例 [219] 的说话人认为如实告知顾客自己所卖暖气没有跑风功能是一种"傻"。这两例中为了提醒听话人关注这些不合常理的信息,都使用"你听着"来处理。

71. 我跟你说 / 讲 (455)

重音在"说"上,前后有停顿,后面可以加语气词"啊"。出现在对话进行中的话轮开头,或话轮中间的一句话之前,也可以插在一个话题和陈述成分之间,其功能是提示听话人关注自己要说的话,以维持对方对自己谈话的关注。其后序的话语的功能是对前序话题进行解释性陈述、评价或提出建议,这些信息在说话人看来是真实的、正确的,而说话人并不了解。

[220] 王志: 1991 年、1992 年两次评院士,对你难道就没有打击吗,评不上?

袁隆平: 这个事情,**我跟你说**,有位记者来访问过我。他说,你没有当上院士,对于我们新闻界而言比你当了院士震动还大,他打抱不平。后来我是这么跟他回答的,没有当选为院士说明我的水平不够,今后我要加强学习,提高我的学术水平,但是呢,我要加强学习不是为了当院士,我是为了更好地工作。 (mdma070610)

[221] 可是这双鞋,当时我很小的时候我记得,是留还是舍?留,这代表爸爸对我的爱,哪怕是一双不能穿的鞋,既然是我的,就应该留着。可是**我跟你说**,我的本性还是很现实,有浪漫也有现实,这个浪漫需要留着,这是一个爸爸永远的一个爱的标志,可是我现实的部分就是说这么漂亮的鞋,英国来的不能退,没法退,是吧?而当时是很贵的一双鞋,如果能够去给别的孩子穿,爸爸也是一个人情,而且我也把我的这份喜悦跟另外一个孩子分享,管她是谁?又有何妨?我当时是这么想的,后来我把这个鞋子,我爸爸走的时候我交给了他,我说你送人吧。 (cfrs070818)

[222] 我始终不要占第一名,我始终我最喜欢的是老二哲学,当老二的最棒,**我跟你讲**,不要傻,不要去占那个第一名。 (cfrs070602)

例 [220] 中,袁隆平为回应王志的问题,要通过讲述一个事件来解释,显然这个事件是听话人不知道的,而说话人觉得可以说明问题的,就用"我跟你说"来提示。例 [221] 中说话人要解释自己为什么要留着鞋,而原因是别人不太容易了解和理解的,所以先用"我跟你说"来通知听话人。例 [222] 中说话人先叙述和评价自己的做法,然后提出自己的建议("不要傻,不要去占那个第一名"),而这个建议是有个性的,不太符合一般人的认知,使用"我跟你讲"是提示听话人后序建议的特殊性。

72. 我说₂(87)

与表示真实说话义的"我说"相比,其语调模式是前低后高,"我"音节弱化,重音在"说"上,升调,并可以略拉长,但相比其所引导的语句的句调处于低调域。其前一般有停顿,后面停顿与不停顿两可。可用于一个对话首话轮开头,也可用于对话中的回应话轮开头,有时还可以后置于一个话轮的首句话之后。其功能是选择听话人,呼叫其收听自己后序的具有极端量级特征的信息,其后接询问、评价、建议或叙述功能的话语,其中会包含体现极端性主观量级的成分。内容可以是提问、建议或发表意见、看法,这些话语中的意见、看法一般对听话人而言是新信息,超出听话人预期。当其后序话语不是询问功能时,其后可以加语气词"呀、啊",并有停顿。

[223] 刘星:您今年还没到五十呢吧肯定?

小雪:还没到五十吧?

主持人:一百,整一百,**我说**刘星爸爸,你们这孩子还真会夸人呢!

(dhua070929)

[224] C:这是八百万像素呀?

S:对。

C:**我说**,SONY 的就这么几款啊?

[225] 吕维民:这个很好的问题,我回去研究研究,让我们的团队好好研究研究。

袁岳:丁威。

丁威:**我说**,如果他 07 年要开 200 家店**我说**,他肯定是要卷铺盖回家的。他如果真的说开两到四家店,他在中国实际上是非常有机会的。

(tnfb070318)

[226] 马斌:您现在手里有没有天价油画?

马未都:**我说**你小心点,我一看你那,顿时就没话了。

(swsj070525)

例 [223] 中主持人先回答小雪的话，然后转向刘星的父亲发话，"我说"是呼叫刘星的父亲。其后序是高量级成分"真"的评价（"你们这孩子还真会夸人呢"）。例 [224] 中的对话是在商店里的相机专卖柜台，因为销售人员 S 的注意力并不全在顾客 C 那儿，所以 C 要提问时使用"我说"来表示请求 S 回答自己的问题。其后序的问话里含有表示主观小量的成分"就"。例 [225] 有三个人参与会话，第一个人吕维民回答完主持人袁岳的问题后，袁岳指定丁戚来回答，丁戚用"我说"开启话轮，是对提问者的呼叫。他说了一个话题句（"如果他 07 年要开 200 家店"）后，又追加了一个"我说"，实际上这个"我说"是指向后面的推断性叙述（"他肯定是要卷铺盖回家的"），是再次提示听话人注意其叙述，这一叙述中带有极端性主观量级成分"肯定"。例 [226] 的对话也是在有多方参与会话的电视演播现场，马未都要专门对马斌说带有警告和否定性的话，为将其甄别出来而使用"我说"呼叫。其后的话语中也出现了极端性量级成分"顿时"。可见，"我说"是为了传递具有主观量级信息而呼叫特定听话人的联络标记。

73. 我问你（30）

重音在"问"上，前后可以有停顿也可以没有，可以构成相对独立的句调单位，也可与所指向的后序句合成一个句调单位；其后可以加上"啊、一下"以缓和语气，起到调整态度和调节交际双方关系的作用。多出现在对话进行中的一个话轮的前面，其前可以出现称呼、连接词；也可以出现在话轮中间的一个句子前。其功能是提示听话人自己要提问，提问的内容相对于前面的话语是新的话题、角度转换或追问，且多为不合听话人期望的信息。这时，其后序话语可以是询问、反问或要求功能的话语。当该标记构成相对独立的语调单位并且前后有停顿时，就带有不满的态度，后面的话带有质问性质。

[227] 李子勋：如果你没有找到真爱？

刘女士：我觉得如果没有办法改变的话，那我就不后悔。

李子勋：那我知道她的答案了，就是男人秉性是这样，她宁肯不嫁是这样吗？

刘女士：对。

李子勋：那小刘啊我问你就是说，一个梅花鹿和一个狗结婚的话,他们怎么保持和睦呢?如果他们真的和睦相处了50年,它们怎么做到的?

　　　　刘女士:不知道。　　　　　　　　　　　　　(xlft070417)

[228] 张磊:我只是说找一个跟我一样的。

　　　　妈妈:但是你和他不一样,你没有看别人。

　　　　张磊:你怎么知道我跟他不一样,你怎么知道我跟他不一样。我真的现在不想听你说话。

　　　　妈妈:**我问你**你说可不可以。

　　　　张磊:不行。　　　　　　　　　　　　　　(xlft070405)

[229] 项世栋:管理的话,我认为对人跟对时的,然后在于时间这一块的话,我大概可以分成四个时间段。第一个时间段我是靠的激情。第二个阶段我靠管。第三个阶段我靠理。第四个阶段我既不靠管,也不靠激情,我靠团队。刚开始的时候,我在英国,就两个人,我跟一个老外,我从大学里面拉过来5个学生,5个在读大学生,我们说,我要创品牌,他们就死心塌地跟我干,激情很高,确实我们产品也上市了,已经在市场销售了。

　　　　袁岳:**我问你一下**,凭什么人家死心塌地跟你干呢?你跟人家许愿了,花钱了。　　　　　　　　　　　　　　(tnfb071231)

例[227]中的李子勋想说服刘女士改变态度("宁肯不嫁")而要提出一个反驳的问题,用"我问你"来引入问题,起到吸引对方关注的作用。例[228]中,妈妈用"我问你"来引入一个要求("你说可不可以"),是表示要求对方回答,并转换了张磊的话题("我真的现在不想听你说话")。例[229]中的"我问你"是引入对前序话题("他们就死心塌地跟我干")的追问信息,是提示对方有新问题要问。这里带上"一下",起到了减低冒犯程度的作用。

74. (你 / 您 / 你们 / 大家) 知道吗₁ (241)

重音在"吗"上,且为升调,其后有停顿。前面常加"你、您",有时也可加"你们、大家"等称谓成分。可出现在话轮开头,或在话轮中的一个句子前面,也可以插在称呼、连接词与主句之间,或话题和陈述之间。但插入在句子中间时,其前可以不停顿。单谊(2015)没有区分"你知道吗"在句前(本书中的"知道吗₁")和句后(本书中的"知道吗₂"）两种不同的用法，认为它们都有激活认知语境假设、强化与突显说话人的心理情态、引导听话人对交际意图做出最佳关联的推理假设的功能，但其全文只有三个例句，无法有效证明其观点。我们根据分布和形式特征，将"你知道吗"分化为两个不同的话语标记。刘丽艳（2011）认为该类话语标记的功能是吸引听话人的注意力，令其关注后序对于听话人来说是未知的、意料之外的信息，从而增强听话人对说话人所陈述内容的兴趣。我们同意该结论，但同时认为，该标记还有标示其所指向的信息在说话人的认知中是真实的或正确的功能，其后接叙述或评价功能的话语。

[230] 小骞：是这样子，我觉得她说了一个我认同的观点，就是说幸福是什么，幸福是永远在不平衡当中去寻找平衡，就像一个天平有两个小秤盘，你不停在事业里放砝码，你也要不停在生活这个盘里放砝码，这样它会等量上升的，但如果说你总是只把最重的大秤砣放到了事业的天平上，叭嗒一下天平失衡了，找不回来了。

马斌：**你知道吗**，十多年前我们上大学的时候她就这么深刻。实际上刚刚这五位商界的女性，她们在谈到自己的幸福的感觉的时候，很多是来自于亲情、友情，那么这种幸福感觉和这个亲情友情，和她们日常繁忙工作之间如何能够达成一个有效的平衡？请您给我们做一个点评。

（swsj070308）

[231] 火车站是，嗯，码头上是，然后，就到了他那个广州交易会，**你知道吗**，啊，交易会后边儿还有一个商业大厦，是平常日子也做买卖，展销厅什么的，那里头都挺规矩的。 （北语BJKY）

[232] **大家知道吗**，文人能用兵，历史上没几个。曹操是一个，不错，词也写得不错，但是他的完整的哲学思维绝对达不到王阳明。辛弃疾也是，文章写得好，也想打仗，但是仗只打过一个小仗。曾国藩也可以，但是他的哲学也只不过是继承了王阳明、朱熹的思维而已。 （qysf071228）

例 [230] 中小骞在评价"她"，马斌要补充更能验证小骞评价的信息（"十多年前我们上大学的时候她就这么深刻"），"你知道吗"在这里起提示听话人注意该信息的重要性的作用。例 [231] 中的"你知道吗"是提醒听话人注意后面叙述的情况是一般人不知道的信息。例 [232] 中的"大家知道吗"是呼叫听话人注意后面的叙述（"文人能用兵，历史上没几个"

是一个对听话人来说意想不到的信息。

第二节 寻求认同标记

　　寻求认同标记是说话人为了降低自己所说信息不被听话人认同的可能性，使所述信息更容易被听话人接受而用的话语成分。说话人通过这种标记来给听话人强制建立一个合乎听话人预期的预设，即听话人本来就对说话人的信息有所了解或认同的，所以它也起到拉近与听话人的人际关系的作用。

■ 75. 大家／我们（都）知道（373）

　　重音在"知"上，前后可以有停顿，也可以没有，当中间出现"都"时，为弱化音节，不能加重音。出现在话轮或话轮中一个句子的前头，也可以出现在有直接结构关系的主题和陈述成分之间。其功能是提醒听话人注意后面的信息是听话人认可、认同的，以增加自己所述信息的说服力，也有拉近说话人和听话人之间关系的作用。后面的话语功能主要是叙述或评价，用来解释和支持说话人的某个观点、建议。

[233] 主持人：**大家都知道**，10月17日马英九就要接任国民党主席了，外界认为，在年底的选战中，他将面临党内整合的巨大难题。二位怎么来看？
（hxla091008）

[234] 吴书记：我是11岁送到孙家去了。
　　主持人：11岁就送去了，因为他那个儿子1岁死了，那么在农村过去**大家都知道**，没有儿子的话，因为过去都是农业那肯定不行啊。
（dhua070313）

[235] 董　倩：你给谁借？
　　马文芳：给父老乡亲，朋友，亲戚，最后借钱买药，买药欠债。
　　董　倩：**我们都知道**，世界上借钱是最难的一件事，虽然说你是乡村医生，你在那儿的信誉应该是很好的，但是你五次三番地借，还有人愿意去借给你吗？
　　马文芳：那可不愿意。欠的回数多了，肯定不行。
（mdma080323）

[236]10月份金融危机向全球去扩散，传到欧洲，欧洲很多银行应声倒下。德国、法国、英国等等国家不得不出面救助，冰岛甚至面临国家破产的危险，俄罗斯的股市几乎全线崩溃。随即金融风暴向亚洲传播，*我们知道*，随后韩国和巴基斯坦它们都面临着重大的金融危机。（dhua081125）

例[233]中主持人用"大家都知道"来确认听话人同意即将开始讨论预知的话题（"马英九就要接任国民党主席"）。例[234]中主持人说"大家都知道"，是提示其后的理由是听话人会认可的理由（"没有儿子的话，因为过去都是农业那肯定不行啊"）来解释前序事件的重要性（"儿子1岁死了"）。例[235]中的"我们都知道"引入公众共同认同的观点（"世界上借钱是最难的一件事"）来为后面的提问（"还有人愿意去借给你吗"）预设前提。例[236]中的"我们知道"是引入说话人认为听话人认可的事实（"随后韩国和巴基斯坦它们都面临着重大的金融危机"）以支持前序的判断性叙述（"金融风暴向亚洲传播"）。

76. 对吧（225）

与表示疑问的"对吧"不同，该标记重音在"吧"上，上升调，"对"音节弱化，不能加重音。其前可停顿可不停顿，其后有明显停顿。出现在话轮中间，指向前序话语。李宗江（2013）将其与"是啊、对不对、是不是"作为一类考察，认为其有话轮交接、人际互动和填补空白三种功能。我们经考察认为其话轮交接用法的重音可以在"对"上，有疑问和应答功能，不能算话语标记。而填补空白功能的标记一般都出现在说话人明显犹豫、停顿之处，可以拉长尾音，并可以连续重复使用，而"对吧"这类话语标记不能这样使用。因此，我们仍将其归入寻求认同标记，其功能是寻求听话人对自己所说的信息内容的认可、认同，提高确认程度，以期降低听话人的心理抵触，并为后序继续讨论相同话题做铺垫。对此，听话人不一定要对该标记做出反馈，说话人也不一定期待听话人做出反馈。其所指向的前序话语的功能为叙述或评价，其后的话语为延续前序话题的叙述或评价，包括叙述原因、结果、结论、例证及评价、建议等内容。与表示疑问的"对吧"相比，其所指向的话语中不带有猜测的意思。

[237]这个这个，而一些这个回民就是这个伊斯兰教哇，一些话啊，从我来讲，我都不懂，*对吧*，就从我，我，你像我哥哥他们，我哥哥他们

现在都四十多岁了，这个比较懂。（北语 BJKY）

[238] 因为企业是靠人办的，*对吧*，特别是看这个企业的领头人，看企业领头人，所以说经常会有人问我，在一个企业里职工重要还是老总重要，我说都重要。在绝大多数的时候，我认为是老总重要。（cfrs070324）

例 [237] 中说话人在叙述"我都不懂"的事实后，追加一个"对吧"来要求听话人认可自己的叙述是正确的，其后的话语是继续就前序的话题（回民的话）进行的对比论证（我哥哥懂）。例 [238] 中的"企业是靠人办的"是后序讨论的前提，说话人在其后插入"对吧"来提示听话人认可这一前提，然后再继续就同一话题进一步讨论，提出观点。

■ 77. 对不对（154）

与表示疑问的句法形式"对不对"不同，该标记的重音在后一个"对"上，且整个标记的发音弱化，与其前后句的语调相比，处于低调位，前后都有停顿。出现在话轮中间，指向前序话语，其后一般继续延续话轮。与李宗江（2013）的观点不同（参见"是吧"条），我们认定其为寻求认同标记，其功能是表示说话人前序话语的信息是正确、合理的，并且听话人也认同。听话人可以不对该标记做出实际反馈，说话人一般也不期待听话人反馈，会继续说下去。其前序话语的功能可以是建议或评价等，其后序话语可以是与前序功能相同的建议或评价，也可以是以前序信息为前提的结论。与表示疑问的"对不对"相比，其所指向的话语的内容里不带有推测的意思。

[239] 她参工，参加工作也不少年了，我说你攒着钱，*对不对*，应用的各人儿买，*对不对*，还是这样子。（北语 BJKY）

[240] 你想想看，我觉得那些动物还想自个儿进来，它们还想自个儿掏钱呢，它们在外头生活着风餐露宿多辛苦啊，*对不对*，到动物园里头。（swsj070328）

例 [239] 中说话人连着在两个建议（"你攒着钱"和"应用的各人儿买"）之后都追加了"对不对"，是表示自己的建议正确，且为听话人认同的。后面接着叙述其建议的结果（"还是这样子"）。例 [240] 中的"对不对"指向前序评价（"它们在外头生活着风餐露宿多辛苦啊"），表示说话人相信听话人也赞同这一观点，其后在此观点上继续提出建议（"到动物园里头")。

78. 哈（592）

语调为高升调，类似疑问语气，音节不能拉长，在句中时可以弱化；前面可停顿可不停顿，后面有明显停顿。可以出现在一个句子的末尾，或插入在两个句法结构成分之间，指向前序话语，一般后面还有话。其前出现的话语功能是叙述或评价，插入该标记是寻求对方对本方前序叙述或评价的确认，且显示说话人的预设，即说话人所做的叙述或评价对于听话人来说是已知的或认同的，以使本方的谈话可以如意延续下去。所以，说话人并不一定期待听话人做出实际的反馈。该标记同时也具有维持交际双方的互动、使交际延续的作用。

[241] 别人要是有了什么，你像我们前几天那个有一个以前的老同志了，哈，五十岁今年，得了脑出血了，他们说开追悼会去我说我不想去，我说我一看这个自己就特别悲，悲哀呀……　　　　　　　　　　（北语BJKY）

[242] 你爬不上去，你你到山下也没什么意思，哈，就没去，嗯。
　　　　　　　　　　　　　　　　　　　　　　　　（北语BJKY）

例 [241] 中的前序叙述"有一个以前的老同志了"对听话人来说显然是新信息，但追加"哈"之后就将其预设为已知信息，使得叙述围绕这一信息继续下去。例 [242] 中说话人先说出一个评价（"你到山下也没什么意思"），然后插入一个"哈"，增强对该评价的确认度，并让听话人感觉也认可该评价。

79.（你）看（36）

语调特征为升调，前后有明显停顿，也可在后面加上"吧"，出现在话轮开头或话轮中间一个句子之前。其功能是提醒听话人注意自己后序的叙述或评价，而这些叙述或评价在说话人看来超出了说话人或受话人预期的合理量级范围，但在说话人看来是正确、真实的并且显而易见证实了的。在其后序话语中，常会包含表达极端性主观量级的成分，如"都、就、就是"等，以及表示量级对比的成分，如"却、更"等。其后接叙述或评价功能的话语，而后序话语即使是叙述功能的，也往往带有主观性。

[243] 火箭是输给了老克星，但是今天立即有媒体重提什么"斯塔德迈尔与姚明是一生的敌人"，**看**，都已经激化到"敌人"的程度了，我说是不是离消灭、歼灭也不远了啊？这些问题都要引起我们的注意。
（jrty070313）

[244] 最怕的就是足协的大楼里，有人时刻给领导吹风，**看**，朱广沪就是不行，**看**，人家杜伊就是行，早知如此，当初还不如痛快点，让杜伊提前接班得了。
（jrty070601）

[245] 在金融投资上往往常识性的东西是最重要的，**你看**，在这个，基本上在投资失误上，90%以上都是你违反了……
（cfrs070310）

[246] 读博士生读完博士找不到工作跳楼啊，**你看**，都是一个笑话。这个不应该有，因为事实我要做大学教授我要做研究必须读博士而且我一定要出国，否则我就在复旦大学，北京大学，我就不好混，因为你这个学术是以环球标准来打量的。
（shss07093）

例[243]中"看"后面的信息（"都已经激化到'敌人'的程度了"）是对前序叙述（"斯塔德迈尔与姚明是一生的敌人"）的结论性叙述，其中"敌人"的概念是夸张的，超出说话人预期的合理范围。例[244]中的两个"看"都是模拟第三方谈话情景，用来提醒假想的听话人即将引入极端性评价信息（"朱广沪就是不行""杜伊就是行"）。而例[245]的"你看"也是引入一个可能超出听话人预期量级范围的结论性叙述（"90%以上都是你违反了"）。例[246]中"你看"后面也是接一个对前序信息的极端性评价（"是一个笑话"）。上述各例中，话语标记指向的核心句中，都出现了表示极端的主观量级的成分"都"或"就是"。

80.（你/你们）看看（45）

与具有真实的观看或思考义的"看看"相比，这里的第一个"看"的发音弱化，后一个"看"相对更强，并为升调；整个标记的语调与其所指向的话语序列相比较弱；其前后都有停顿，并可在前面加上"你、你们"。该标记出现在话轮或一个句子的开头，也可以出现在一个句子后面，作为追加。其功能是提示听话人关注自己所说的某个事件、事情的结果或结论，而这个结果或结论与说话人的前序或预设的事实或观点一致，但可能与交际另一方或假想的听话人的期望不一致，使用该话语标记可以突出说话人的叙述或观点的正确性。其后接叙述或评价功能的话语。

[247] 博士这叫一个得意，不是说我心黑吗，不是说没有人买吗，**看看**，刚开张这就卖出去了30公斤。博士这叫一个高兴。没想到博士脸上的笑容是越来越少，越来越僵。（cfgs070706）

[248] 于是有传言说两位中方教练王海鸣和孙伟已经辞职，而其中，王海鸣很快站出来辟谣，说自己不会主动辞职，另一位主角孙伟则默认了自己辞职的消息。**看看**，现在多曼的能量有多大，人还远在斯堪的纳维亚半岛，却足以让中国女足这边风生水起。（jrty071010）

[249] 马斌：是你犯错了还是你老公犯错了？

何永智：如果是我老公犯了一点错误，我觉得应该放他一马，如果是我犯了错误，我也希望他放我一马。

马斌：你说放他一马，你老公就不放你一马，**你看看**。

（swsj070404）

例 [247] 先叙述预设的不如意事件（"没有人买"），然后用"看看"引入与预设相反的事件（"刚开张这就卖出去了30公斤"）。例 [248] 先陈述多曼对中国女足影响的事例，以证明说话人的观点（"多曼的能量有多大"），其间插入"看看"，提示听话人关注其后序观点。例 [249] 中何永智的预期是"他放我一马"，马斌指出了反预期的事实（"你老公就不放你一马"），后面追加"你看看"以呼叫听话人关注这一信息。

■ 81. 你看₁（949）

重音在"看"上，且为升调。前面一般有停顿，后面则停顿与否两可，还可以在后面附加语气词"啊、吧"。出现在会话进程中的一个话轮前，或话轮中间。陈振宇等（2006）将这种功能的"你看"定义为话题处理标记，表示现实性和非现实、非道义情态。这实际上是揭示出"你看"用于肯定说话人所述信息的作用。张旺熹等（2009）认为该标记有三种功能：一、话题认知，用来激发听话人认同感和标示言者说话人自己对话题的认知；二、话语提示，凸显话语焦点、提示新信息和吸引听话人注意；三、态度移情，标引说话人对于当前话题的情感、态度、认识倾向；四、话语引导，对听话人的注意力、思路等加以引导和定位，从而说服听者与自己达成意志共同体。这四种功能概括起来，核心都是希望得到受话人的认同,所以我们认为这个"你看"是寻求认同标记。它出现在说明某个道理,或证实某事件、观点的谈话进程中,其功能是提示听话人注意自己后面要说的信息的合理性、正确性,以寻求听话人认同,即期望从听话人处求证自己的叙述、观点或建议,所以该标记也有寻求拉近与对方关系的作用。其后序的核心话语为肯定性的叙述、评价或建议功能的话语,可以是反问句,但不能接疑问句。

[250] 第二个问题,**你看**,从文化形态上,中国的消费者是接受能力很强,希望接受很多信息,他就站在电梯口,他说如果广告和无聊做选择,我看看广告蛮好的。但是我觉得到了美国发觉他情愿保持无聊,而不愿意,也就是说你这个广告对我是一种打扰,这些文化的差异,使得你这个品牌在进入过程当中,会有很大的挑战。　　　　（tnfb070513）

[251] 马斌:兰珍珍女士你来讲述为什么你那不太好说呢?

兰珍珍:首先欧莱雅在中国做的公益事业涉及的范围比较广。

马斌:**你看**多温柔,下次向人家学学。　　　　（swsj070308）

[252] C:这两个跟下边就是不一样的。

S1:这种砖它是滚筒印花的,没准会稍微有一点点色差,三块儿一样三块儿一样的。稍微有一点点,对不对呀?

C:是吧?

S1:嗯。

C:**你看**我说得没错我看得没错吧?

[253] 总的说吧,现在,国家有困难,人民就得要,就得要节约吧,节约来维持这个难关,将来,**你看**今年现在这就由明年就开始啦,是不是,明年就是要搞一些个,关于这个国家的大事啦,是不是,人都知道啦⋯⋯　　　　　　　　　　　　　　　　（北语BJKY）

例 [250] 中"你看"后面的评价"中国的消费者是接受能力很强"在说话人看来是听话人认同的。例 [251] 中用"你看"呼叫听话人关注自己的评价("多温柔"),且这一评价显然是被证实的。例 [252] 中"你看"后面的评价信息("我说得没错我看得没错")是显而易见被证实的信息,C 在此使用"你看"来呼叫对方认同该评价。例 [253] 中"你看"后面的叙述是对前序的观点("节约来维持这个难关")的证实,"你看"在这里是呼唤听话人认同该信息。

82. 你说₂（484）

重音在"说"上，升调，"你"倾向于弱化，后面可以加"啊"，并带有停顿。一般出现在话轮中间一个句子的前面，也可以出现在具有直接组合关系的话题和陈述之间，有时也可以出现在句尾作为追加成分。张旺熹等（2009）认为该标记具有和"你看₁"一样的话题认知和言者移情功能，我们同样认为这两个功能都可以用寻求认同来概括。其功能是提高说话人要表达的观点的可接受程度，并希望听话人认同。其后接以评价功能为核心句的话语或带有主观倾向性的反问的话语。

[254] 经过讯问证实，这位还真不是小偷，只不过是买了赃车，即便如此也是被拘留十天，罚款 500 元。看来警察在打击自行车被盗的时候是动真格的了，公安部这周也出了新规定，自行车失窃报案一定受理，*你说*，这不是来真的么。   （diqr070408）

[255] 我倒觉得拿点钱不是问题，就是拿点钱做什么，他能不能做长远了，这是个问题。但是你最担心的就是下一步，拿个百八十万的我是有，就拿完我都不止往回收，我都觉得无所谓，在那儿生一回。拿完之后干什么，现在必须要准上，这个东西干什么能挣钱。*你说*，研究我赵本山一个品牌，挂个名，你品牌这个东西，我得通过多少作品，才知道一个赵本山啊，是多少年，是二十年的基础。   （dhua070313）

[256] 所以结果，说那怎么办呢？后来，我们就去了一趟，看了看这状况，确实，挺够呛的。所以看来，*你说*，这些插队的这些孩子吧，这么多年了，也四十多岁了，也，也，也挺苦。   （北语BJKY）

"你说"在例 [254] 和例 [255] 中都是用来引导反问话语（"这不是来真的么"和"我得通过多少作品，才知道一个赵本山啊"）来表达说话人的观点。在例 [256] 中是用来引入评价（这些孩子也挺苦）。"你说"在三例中都是起到加强说话人对自己的后序观点的置信程度的作用，且建立听话人也认同的预设。

83. 你说说（6）

重音在第一个"说"上，"你"和第二个"说"弱化，不能拉长音节，前后停顿与不停顿两可。用在会话进行当中的一个句子的前面或所指向的句子的后面，也可出现在一句话的后面，其功能是增强对说话人自己所述信息的否定程度,并寻求听话人的认同。后接陈述事实或评价功能的话语,这些事实或观点对听话人来说是不如意的或不认同的。

[257] 我过去就有一问题,**你说说**中国这个让女人裹小脚儿,这是摧残妇女对吧,那外国人那个高跟鞋呢,医生也说你要老穿高跟鞋对你的脚也是不好。（qsrx090109）

[258] 我妈说的,我怎么那么,唉,命苦哇!**你说说**,呃正好儿是,我二姐刚过去那阵儿。六六年文化大革命啊刚过去,就七零年,他接着又一工伤。（北语BJKY）

[259] 我跟你讲,你说在中国作家多能赚钱,实际上还是跟人家外国没得比,我再给你看一个榜,就你刚才说的儿童,一样无独有偶,也算是儿童文学,但是是成年人的童话,《哈利·波特》,你是说这个人在全世界比咱们赚钱多了,就光在中国,《哈利·波特》的作者,900多万。咱们前三名加起来都没有人一个人多,**你说说**。（qsrx101119）

"你说说"在例[257]中指向说话人的负面评价("中国这个让女人裹小脚儿,这是摧残妇女")。在例[258]中引入一个对不如意事件的叙述("我二姐刚过去那阵儿")。在例[259]中回指一个带有主观否定性的评价("咱们前三名加起来都没有人一个人多"),都是向听话人寻求对这种否定性的认同。

84. 你想（296）

重音在"想"上,"你"弱化,后面可加"啊",前后都有停顿。出现在会话进程中的话轮前或话轮中的一个句子前,也可追加在所指向的话语后面。张旺熹等（2009）认为该标记有话语引导和话题认知功能,我们认为这两个功能都从属于寻求听话人认同的上位功能,所以将其归入寻求认同标记。"你想"的功能是寻求提高说话人所述信息对于听话人的可接受度和认可度。其所指向的话语的功能主要是推测、评价、建议等,并作为前后话语序列信息内容的前提、原因或结论。

[260] 人家那半儿拉呀,摆在桌子上乱七八糟,酒瓶子这通儿喝,我们这出差,一去,去一个多月,**你想**,天天儿这么吃,受得了吗?（北语BJKY）

[261] 因为医学进展特别快嘛,不是。什么国外的呀,什么那些个。

中国医学比较落后，你想。中国其实中医吧，挺有意思的。学完西医以后搞中医挺好，我觉着。
（北语BJKY）

[262] 跟人家要500块钱，人家能答应吗？王女士说，当时她觉得要这500块钱绝对天经地义，你想啊，我找车找了这么多年，应该给我点补偿吧？我大老远跑趟平谷，也应该给我点补偿吧？再者，是你找我又不是我找你，你总该表示表示吧。
（qrqp070424）

例[260]中的"你想"指向评价性反问话语（"天天儿这么吃，受得了吗"），向听话人提示该评价是毋庸置疑正确的。例[261]中的前序评价（"中国医学比较落后"）可能不易为听话人认同，所以说话人在后面追加"你想"来建立听话人可以接受该观点的预设。例[262]中说话人为了使自己的要求（"应该给我点补偿"）被听话人认同而使用"你想"来引导，目的是让听话人觉得该要求合理。

85. 你想想（看）(173)

重音在第一个"想"上，"你"和"看"通常弱化，后面可加"啊"；其前停顿与不停顿两可，但带"啊"时有停顿，不带"啊"时则停顿与不停顿两可。位于对话进行中的一个话轮之前或话轮中的一个句子前，也可以插入在有句法结构关系的话题和陈述之间，还可以追加在一句话的末尾。其功能是寻求听话人对说话人所述的带有极端性的叙述或评价的理解和认同，预设该叙述或评价的真实性或合理性，所以其所指向的话语中往往包含表极端量级的成分如"特别、多（么）、都"等。其所引导的话语是作为正在谈论的话题的前提、原因、结果或结论，在该话语标记及所指向的话语序列前后，还有其他的话语序列。

[263] 侯丽萍：我觉得让我的员工能够跟上这个侯丽萍觉得非常的值得。我相信我们企业会有几个上百个，百万千万富翁。

主持人：你想想，发财了，那谁不高兴，公司沉浸在一片喜悦之中，大家的干劲都很足，侯丽萍更是踌躇满志，在上海，北京等大城市都设立了办事处，同时，和很多大学，医院，企业都建立了合作关系。
（cfgs070402）

[264] 在这过程当中，我觉得我们的领导主管机关你想想他面对的全都是一流的人，告诉他说市场应该准备怎么做。他已经理解到，哦，市场

发展会这样，但是同时间他又考虑到我们国内的国情去做一个适当的均衡。所以你现在看到这波股市很热情上来之后，很多的事情都看到了，很多的媒体出来提醒大家，入市需谨慎，这个我们监管机关放行一些经济的脚步也开始慢慢放慢下来了。（cfrs07030）

[265] 现在这，个人的遭遇啊，也特别惨，挺惨的。你像我五年的朋友都吹了，你想想。我父亲一死来说吧，好像，好像咱生活来源没有，没什么，咱又不是特别富，也不是怎么着。（北语BJKY）

[266] 那很多投资人就问说，那既然是这样一个比例的话，为什么还会有人要进去做期货？那我说，就每个要进去的人都认为他是那一个，不会有人认为他是那九个，那而且一个人是赚九个人的钱，你想想看这是多可怕的一个比例。（tnfb070603）

例 [263] 中主持人用"你想想"引入一个周遍性的评价（"发财了，那谁不高兴"），提示这一评价是当然正确的，而后面的话语是叙述"高兴"的结果。例 [264] 中的"你想想"插入在话题和陈述之间，指向一个带有极端性的事实（"他面对的全都是一流的人，告诉他说市场应该准备怎么做"），凸显该事实的非同寻常的特征，为后面的叙述（"他已经理解到，哦，市场发展会这样，但是同时间他又考虑到我们国内的国情去做一个适当的均衡"）提供前提。例 [265] 中"你想想"后接解释前序的评价（"个人的遭遇啊，也特别惨"）的原因（"我五年的朋友都吹了"），而这个原因是说话人主观预设不易发生的事件，"你想想"在此起到突出该预设的作用。例 [266] 中的"你想想看"引入的是对前序叙述的评价性结论（"这是多可怕的一个比例"），以突出结论的极端性特征。

■ 86. 你/您知道（436）

重音在"道"上，"你/您"相对弱化，其中使用"你"的情况大大多于"您"。出现在回应话轮开头或话轮中的一个句子之前，也可以插在具有句法结构关系的话题和陈述成分之间，指向后序信息；在句子之前或插在句法结构成分之间时可以不停顿。其功能是提示听话人关注后序的新的事件或评价信息并认可该事件的真实性或认同该评价。其所指向的话语序列的信息内容是对前序或后序的话语信息的解释或评价，所以它只出现在回应话轮之首或话轮中间。

[267] 周：有太多太多的引诱的风云人物，如张朝阳、李彦宏、唐越

等。商会一成立,立即打破了南河沿111号旧日的平静。

王:**你知道**我们当时成立这个欧美同学会商会的时候就是没有要任何的一分钱,就是我们没有任何的提供的经费,大家自费。

(cfrs070616)

[268] 事实上他那首歌当时我们看的时候已经会感觉到这样一个效果,就是它会把观众留住,会让观众喜欢,因为**你知道**中国电影观众有一个不好习惯,最后一出来哗就走光了,最后三分钟不知道给谁演,通常都是这样子,当时我印象中第一次他们歌送来让我们听的时候,我当时在剪接室,我就把那个挂上去,挂在剪接室那片子上我就放,我们还是黑的,画面什么都没有,只是最后结束我就放他那首歌。

(cfrs070101)

[269] 那黄瓜,就是春去年春节的时候儿,最高的价,七块钱一斤,**您知道**,那真是成了金条了,哎。

(北语BJKY)

[270] 不能说让人家,这个挺累的,干完了这一天,回头拿丁点儿钱回去,对不对?现在都要生活,**你知道**,现在甭咱们别的什么你看那一些物价,相当挺贵的,所以说这个买西红柿,你还得好几毛钱一斤呢。

(北语BJKY)

例[267]中的"你知道"所引导的后序话语信息,是对发话人周所述事件的回应,就周的带有主观性的叙述("有太多太多的引诱的风云人物")做出辩解,"你知道"在提示听话人关注新信息,而这新信息是听话人不能否认的。例[268]使用"你知道"来引入一个带有主观性的叙述("中国电影观众有一个不好习惯,最后一出来哗就走光了"),是为了让听话人认同这种主观性。其所引导的叙述是对说话人前序评价("会把观众留住,会让观众喜欢")的解释的一部分。例[269]中的"您知道"引入对前序事件信息("最高的价,七块钱一斤")的主观评价("真是成了金条了"),该评价对听话人来说虽然是新信息,但说话人期望听话人认同该评价是正确的。例[270]中的"你知道"引入一个新评价信息("相当挺贵的"),是对前序的叙述("现在都要生活")的解释,并提示听话人接受这一解释。

■ 87.(你)瞧(108)

语调特征同"(你)看"一样,为升调。其功能及用法也与"(你)看"相同,只是具有方言特征,北方话里使用得更多。

[271] 前面我们提到中国女足仍然处于一团乱麻当中,有消息说足协已经准备了三套方案来应对马良行可能主动提出的下课,瞧,一边在"生病",一边却在等待对方辞职,一边是马夫人南下救驾,一边是杨主席空降广州,大家都握有主动权。　　　　　　　　　　（jrty070122）

[272] 天津队国字号球员多,你老朱驾临赛场,那裁判还不得帮天津队啊!所以赛后老朱被球迷辱骂,接送他的专车也被砸,瞧,这往后啊,老朱还敢去各大中超赛场看比赛吗?　　　　　　（jrty070319）

[273] 那国足的主力们都干吗去了呢——都到A3联赛上为国争光去了。你瞧,精英尽出的申花鲁能拿出了比对待中超更认真的态度来迎战A3,立刻就把日韩两支球队全部拿下。　　　　　　（jrty070608）

[274] 再说我个人有点儿血压高,所以我也不想学了,现在呢,可是我呢,就喜欢看,看一些个,这个文艺书。现在,你瞧,每天晚上几乎我都看小说儿,看什么呢?　　　　　　　　　　（北语BJKY）

例[271]中"瞧"指向的信息包括叙述("一边在'生病',一边却在等待对方辞职,一边是马夫人南下救驾,一边是杨主席空降广州")和评价("大家都握有主动权"),这些信息都可证实说话人前序的评价("中国女足仍然处于一团乱麻当中")。"瞧"后面的话语中出现了表示对比的成分"却"和表示极端性主观量级的"都"。例[272]中的"瞧"指向说话人以反问方式做出的带有主观性的推断性叙述("老朱还敢去各大中超赛场看比赛吗"),来支持前序的信息("赛后老朱被球迷辱骂,接送他的专车也被砸"),其中的"敢"是一个主观量级成分。例[273]中"你瞧"后序的叙述话语("精英尽出的申花鲁能拿出了比对待中超更认真的态度来迎战A3,立刻就把日韩两支球队全部拿下")也是对前序判断性叙述("都到A3联赛上为国争光去了")的证实,其中出现了表对比量级的"更"。例[274]中"你瞧"后序话语("每天晚上几乎我都看小说儿")是对前序信息的延伸叙述,但提高了主观量级,使用了"几乎、都"的极端量级成分。"(你)瞧"在上述各例中都起呼叫听话人关注后序信息的作用。

88. 是吧（503）

整个标记的语调相对于所在话语序列处于低调位,"吧"略强于"是";与表示疑问的"是吧"相比,"是"不带重音。前面停顿与不停顿两可，后面有停顿。出现在话轮中间的一句话之后，也可插入在具有句法结构关系的句法成分之间，指向前序话语。李宗江（2013）也对该标记做了考察，与"对吧"的分析一样，我们认定其为寻求认同标记（参见"对吧"条）。其功能是预设说话人自己的前序事实、评价、建议等信息的真实或正确，并提示听话人认同说话人的主观预设。当其前序信息为事实时，叙述中也包含说话人的主观性，有表示程度或范围量级的成分（如"都、全、就、只"等）在其中。与表示疑问的"是吧"相比，该标记所指向的话语中，不包含推测和寻求解答的意思，即不索取听话人的反馈。

[275] 这个生了一个小男孩儿，都两周岁了，是吧。这一家人呢都过得挺和和美美的，是吧，也没有，谁也没说过什么，是吧。从对象来说也没说过什么，家里人也没说过什么，看来这个日子过得挺好，是吧。

（北语BJKY）

[276] 袁岳：所以你的跟我不一样。

齐大伟：所以我要请你走人，绝对不允许，是吧，我就是这风格，你愿来就来，对吧，我可以上班喝酒，你不能喝酒。 （tnfb070414）

[277] 他当时说我存了多少钱，存了三十万，当时你想85年30万是不小的数字吧，当时万元户都是不得了的，说我存了30万，我说谁写这封信我不知道，你回去告诉这个人，他再给你们写信说我偷存了多少钱，后面再加两个零，三千万，我说这才符合我的身份。我说三十万，侮辱我嘛，是吧，三十万我偷偷摸摸我犯个法。 （cfrs07072）

例 [275] 中说话人四次使用"是吧"，第一个和第三个都是指向前序的事实（"生了一个小男孩儿，都两周岁了"和"谁也没说过什么"），其中包含着体现主观大量成分"都"和"谁也"，话语标记实际上预设对这些主观量级的确认。第二个和第四个指向前序评价（"这一家人呢都过得挺和和美美的"和"这个日子过得挺好"），是提示听话人会确认该评价的正确。例 [276] 中的"是吧"指向的是一个要求（"绝对不允许"），预设该要求的合理性。例 [277] 中的"是吧"也是指向评价（"我说三十万，侮辱我嘛"），是向听话人提示该评价的正确性。

■ 89. 是不是（264）

与表示疑问的"是不是"不同，重音在第二个"是"上，不可以落在第一个"是"上，但结尾不能拉长音节。整个成分的语调是前低后略高，前面可以停顿也可以不停顿，后面有停顿。出现在话轮中间的句子之后，也可插入在有句法结构关系的句子成分之间。与李宗江（2013）的研究结论不同，我们也认定其为寻求认同标记（参见"对吧"条）。它用于陈述情况、阐述观点的话语中，功能是确认自己所述信息是真实的或正确的，并预设听话人也是知道、理解、认同的。其所指向的话语的功能为叙述、评价。与表示疑问的"是不是"相比，其所引导出现的话语中不包含推测和寻求解答的意思，听话人不必对其进行反馈。

[278] 主持人：半条街全进去了？

刘涛：我们那边小镇，就是不是很大的了，*是不是*，它100米长，搞了半条街，半条街的时候，它一路地跌，我一路地，我就不信它不涨，我就不停地加。　　　　　　　　　　　　　　　（shss070617）

[279] 满族人哪，啧，一般来说，是很，好像是，比较讲礼貌。因为那个满族的风俗我小时候儿赶上了。那时候儿叫请安，*是不是*，这到什么时候儿就不请安了呢？这就从解放以后，您知道吧？那会儿礼节比较大，满族的礼节比较大。　　　　　　　　　　　　　　　（北语BJKY）

[280]《四郎探母》那四郎到那什么，属于叛徒，啊，里通外国啦，啊，四郎，*是不是*，在北国又上南国去了，又见他母亲去了，又跟他母亲难舍难离的，*是不是*。　　　　　　　　　　　　　（北语BJKY）

例[278]中刘涛所说的小镇不是很大其实对听话人而言是新信息，但追加了"是不是"来预设听话人能理解该信息。例[279]中说话人认为"请安"是听话人知道的，用"是不是"来提示听话人确认。例[280]中的两个"是不是"都是向听话人提示前序信息（"属于叛徒"和"在北国又上南国去了，又见他母亲去了，又跟他母亲难舍难离的"）是真实的、确定的。

■ 90.（你/您）知道吧（189）

重音在"道"上，"你/您"相对弱化，与表示真实询问的"你知道吧"相比，不可在"你"或"知道"上加重音。多出现在所指向的话语之后，此时前面可以停顿也可以不停顿，后面有停顿，在语调上与前面的句子构成一个语调单位，处于尾部降调区。也可以出现在所指向的话语之前，结尾为升调，后面有停顿。其功能是预设听话人对说话人所述的事件或评价的真实性或正确性是认可、认同的，虽然这些事实或评价对于听话人来说可能是新信息。当其所指向的话语为事件信息时，常常包含程度或范围的主观量级成分（如"都、就、全"）。与表询问的"（你/您）知道吧"不同，该标记对听话人来说不必做出反馈。

[281] 没辙，现在。又不许鸣喇叭，鸣喇叭又得罚两块，这一天挣多少钱？好，见了警察就害怕，这个都是。*你知道吧*，就跟电视那"红绿灯儿"演得似的，咱们司机是鱼呀，他们是网。张开这网呀，就等着捞我们呢，*您知道吧*。　　　　　　　　　　　　　　（北语BJKY）

[282] 但是我觉得这些CEO，我相信很多跟我一样就是已经麻痹了、已经习惯了，我们已经习惯了*你知道吧*。　　　　　（swsj070328）

[283] S：你要不信，你一会去看看就知道了。它这个、这个，这个绝对是有个性的，因为它的风格是不一样，这种比较古典一些，*知道吧*。

C：像铁片儿。

例[281]中的第一个"你知道吧"指向后序的评价"就跟电视那'红绿灯儿'演得似的"，提示该评价的极端性；第二个"你知道吧"指向前序的事件（"张开这网呀，就等着捞我们呢"），提示该事件的必然性。这些事件其实都是听话人未知信息，话语标记在这里起到将未知信息预设成已知信息的作用，以降低听话人不认可的可能性。例[282]中的"你知道吧"和例[283]中的"知道吧"都指向前序的评价信息（"我们已经习惯了"和"这种比较古典一些"），是强调该评价的正确性，并"强迫"听话人接受。其中例[283]中的听话人C针对发话人的积极评价（"比较古典"），以不合发话人预期的消极评价（"像铁片儿"）作答，而不是对"知道吧"的回应，说明该话语标记本身不带有发问功能。

91.（你/您）知道吗$_2$（237）

重音在"知"上，结尾为降调并有停顿，前面可停顿也可不停顿。出现在话轮中间的一个句子之后，指向前序话语信息。其功能是表示说话人对前述的新信息的确认、肯定，同时预设听话人不知道该信息但应该认可、认同。其所指向的前序话语的功能为对事件或事实的叙述、描述或发表评价。该标记所指向的是听话人不知道的新信息，但又预设听话人应该认可或认同，所以在实际交际中它容易使听话人理解为是在教训人，因此不适宜于对需要尊敬的交谈对象使用。

[284] 所以说跟它说话都得轻声细语对不对。虎大爷！笑的时候都得哈哈，很轻柔地笑*知道吗*，要不它不会咬你，它先咬我，我跟你说。我问个事啊。这老虎吃饭了没有？　　　　　　　　　　（xy100221）

[285] 最近两年，好像，好像岁数儿，年龄长了，也，心气儿也没有那么高了，*你知道吗*，不，不常去了。　　　　　　　（北语BJKY）

[286] 你俩看着做吧，做得越好越好，今晚上拍这个《建国大业》，已经走了一车马一车人了。人少了尽量给他们做的花样多一点，我不重要，我跟你们吃一样就行了。在国外不管王公贵族的孩子都喜欢马，打理马，你别看他自己衣服不洗，但是马他亲自刷，*知道吗*。　（xy090712）

[287] 哎呀，我觉得有点接受不了，因为平常在家里头，也不出来，偶尔就去小区里普通的理发店洗洗，剪剪就得了，也没有说想这么正规得没法店，这还是有生以来第一次，他一说话给您问蒙了吧。可不是吗，我都不懂*你知道吗*，心里头还有点觉得扑通哪。　　（qrqp071007）

例 [284] 在描述事件（"很轻柔地笑"）后追加"知道吗"，是希望听话人对该描述的合理性予以认可。例 [285] 中的"你知道吗"指向前序的评价"心气儿也没有那么高了"，以提示听话人接受该评价。例 [286] 中的"知道吗"和例 [287] 中的"你知道吗"都指向对事件、事实的叙述（"马他亲自刷"和"我都不懂"），表示该叙述虽然是听话人之前所不了解的，但也应该相信其为真实信息。

第三节　关系调节标记

人们在交际中会根据双方之间的关系亲疏、地位比较来选择语言表达方式，通常通过词汇的选择和语气的变化来传递这种信息。但我们发现，有个别的话语标记也起到这种作用，即通过使用话语标记，凸显说话人与听话人之间的关系、相对地位及对听话人的情感态度。

■ 92. 啊$_3$（1）

发音为高升调，多为长音，前面可停顿也可不停顿，后面则有明显停顿。出现在一句话之后，也可插入在句法结构成分之间，后面还有后序话语。其功能是显示说话人的权威、优势身份，用于上级对下级、长辈对晚辈讲话，或者说话人有意改变与听话人之间地位的情况，同时，也表示一种高傲、轻视对方的态度。其后话语功能为评价或建议性质。我们在所选语料中未鉴别出此种话语标记，因为语料中的说话人之间都不属于这类关系，所以很难找到这种标记。但现实里它是存在的，下面举一个从电视剧《编辑部的故事》第一集里记录下的例子，是剧中陈主编的话：

[288] 嗯咱们短会*啊*——。其实，有些问题我不说，大家心里也很明白。

这段话是陈主编对下属们说的，使用"啊"是凸显自己是以领导的身份发布指令。

■ 93. 我说你（29）

重音在"说"上。可出现在话轮或句子的前面，前面有停顿，后面可以有也可以没有；也可以出现在句子后面合成一个句调单位，这时候前面没有停顿。其后可以加"啊、呀"并带有停顿。其功能是提示对受话人进行批评或表达不满，也显示出说话人自己相对于听话人处于权威或优势地位。其所针对的话语都是批评的功能，并常带有反问句或表质问的疑问句。当其后带"啊、呀"时，会使批评的语气更缓和，并传递与对方拉近关系的情感。

[289] 我说就是你这样的，是哇，一句一"他妈的"，一句一"他妈的"，我说这个不行，是啊。*我说你*，谁当头儿的，你你这样子，你工作，你不创造这个价值，你不挣来钱，你说当头儿拿什么发你呀，是不是？

（北语 BJKY）

[290] 火车站接我，挎了一个小黄书包，挎了一个黄书包后面，一见了我了，拿出来一朵，特别抽抽巴巴的玫瑰花，从哪儿捡的*我说你*。其实那会儿特别热，八月份，他在那等的时间长了，那玫瑰花全蔫儿了，你知道吗，然后就领着我上，到阴凉的那个公共汽车。（mdma070122）

[291] 总经理给我放了一大堆的牌子，说你看我们这儿标准都很好啊，我们这你看挂了多少规定，我后来念来着，*我说你*，请问经理，你这哪一条规定能管你的安全？你比如说坚守工作岗位、认真执行党和国家的法律规定，然后你说像这样一大堆的。

（lyyy070711）

例 [289] 中的"我说你"是提示要对受话对象进行批评，后序话语中包含着反问句"当头儿拿什么发"，但使用了话语标记后，传递出说话人是站在批评对象的立场上，批评的口气变得和缓了。例 [290] 中的"我说你"指向前面的明显带有质疑性质的问句"从哪儿捡的"，表明对"捡"花这一行为的批评态度。例 [291] 中的"我说你"引入一个反问"你这哪一条规定能管你的安全"，传递对受话人的不满和否定的态度。

第四节　协商标记

协商标记是说话人向听话人发出要提供某种建议的语言信号。通常，协商的功能是由交际行为本身及语境决定的，并且通过具有协商功能的句法结构形式（如祈使句、疑问句等）和词汇手段表达，通常不需要用话语标记来提示，所以这类话语标记很少，我们在语料中只发现两个。使用这种话语标记，可以更明确地提示对方说话人是在提建议，并征求对方意见，强调自己并非要把自己的建议强加给对方，以降低对方反对、拒绝的可能性。

94. 你看$_2$（18）

重音在"看"上，"你"弱化。前面可停顿可不停顿，后面不停顿。可出现在非首话轮的开头或话轮中间，指向后序话语。曾立英（2005）认为其表示认识情态义，也有表谦虚的礼貌作用。陈振宇等（2006）将这种"你看"归入言语活动标记，表达直接非道义情态的提议，用于非现实性信息，使发号施令显得委婉。张旺熹等（2009）认为该标记作为听者话题认知标记，标引言者对于听者观点意见等的委婉征询。我们认同上述各家对于"你看"的委婉表达作用的看法，但认为所谓的委婉表达其实是考虑到听话人的接受程度而做的调节，是说话人发出的协商信号，所以我们将其归入人际互动标记。其功能是降低说话人所提建议、要求的强制意味，传递与对方进行协商的信息。其所指向的后序句为疑问形式的句子，但其功能是提出建议或请求，并期待受话人给予回复。在"你看"与其所指向的话语序列前后还有说话人或受话对象的其他话语序列，其信息内容是建议、请求的具体内容或理由、预期结果。

[292] 所以在这种情况下，我想也许离开对你和对公司都是最好的选择，你也可以有更好的职业发展的平台，**你看**这样好不好？（swsj070321）

[293] 主持人：改这个姓叫龙，肌肉就发达了，我说我这个肌肉不行。原来叫肖东坡不行，改成叫龙东坡可能就行了。捏这个捏苹果，我觉得还是有点软，我从小就看那个成龙的电影捏核桃，今天能不能给大家表演表演捏核桃。

龙武：没问题。

主持人：咱就整这洗脸盆**你看**咋样？

龙武：没问题，这是我早上洗脸时我们家那洗脸盆。（xy101012）

[294] 她说你是不是没事啊，我早上上来下去经常看到你。我说是啊。她说我这正好有个活，在北京银行里边早上7：00到9：00打扫打扫卫生，**你看**你能干吗？我说那行啊。（rq070601）

例 [292] 中说话人先说出包含理由的建议（"离开对你和对公司都是最好的选择，你也可以有更好的职业发展的平台"）后，用"你看"来引入寻求反馈的问话"这样好不好"，以此来突出其建议的协商性质。例 [293] 中主持人先叙述了龙武的能力及自己的期望，然后在下一个本方话轮中延伸该话题提出一个新的建议，并征求对方的意愿，这时使用"你看"插入在寻求反馈的问话（"咋样"）前来表示协商。例 [294] 中说话人在叙述了一件需要人来做的事情后，用"你看"引入自己的建议（"你能干吗"），表示建议是协商性质的。

■ 95.（那）（你/咱们）（要不）这样（吧）$_2$（151）

重音在"这"上，音值可为 [tʂei⁵¹]；"样"可以儿化，也可以说成"样子"。其前可以加"那、你（虚指且弱化）、咱（们）、要不"等成分，后面可以加"吧"。该标记前后都有停顿。司红霞（2005）认为"这样吧"具有试图拉近与对话者之间的距离、控制话语的主动权、表情、酬应的功能和尽快结束话语的篇章功能。卢英顺（2012）也对该标记做了考察，认为其功能是明示说话人在向听话人提出建议，后面的内容是建议的内容，前面的内容则是提出这一建议的背景或语境；同时它在语篇中还有衔接功能。我们认为司红霞（2005）所说的表情、酬应功能不那么明确，也不像是该标记的主要功能。我们同意卢英顺的第一个观点，但不同意其关于衔接功能以及司红霞的语篇功能的看法，因为看不出其对交际进程、话轮延续或终止的不可或缺作用。通过对语料的考察，可以看出，它可用于交际进程中的一个话轮开头，也可以出现在话轮中间，其功能是提示听话人自己要针对受话人或自己前序话题提出新的建议来与受话人协商，其后接建议功能的话语。其后所提的建议，是对说话人或会话的其他方前序话语信息（如"建议、评价"等）的否定或转移。

[295] 鲁宇非：和老师，你要这么说，我还真得琢磨琢磨。

观众：对呀，咱们得想个办法。

鲁宇非：**这样**，咱们呀，搞贸易，贸易来钱啊对吧。那挣钱多快啊，找一家公司，咱们当商业巨子，怎么样？（shss070610）

[296] 王小丫：我说的是实话嘛。

陈伟鸿：没错，没错。

王小丫：对不对。（dhua070619）

陈伟鸿：**那这那样吧**，我们来换一个说法，可能不至于这么让大家难以抉择，有一个地方，才能够有机会邀请到小丫，来担任形象代言人。（dhua070619）

[297] 父亲：对，我会按李老师的指点，做到二加二大于四。

李子勋：**你这样吧**，先生是不是当着全国观众感激太太，在女儿16岁，一直在修正你的教育，使你的佳佳至少到现在来看，还是不错的。（xlft070303）

例[295]中，鲁宇非和观众对于所谈论的问题都表示没有好的解决办法，然后鲁宇非提出一个他认为是最有效的办法（"找一家公司，咱们当商业巨子"），为了突出该方法的终结性而使用"这样"来引导。例[296]中，陈伟鸿为了解决交际双方认为难以抉择的问题，而要否定之前的方案，提出一个新的建议（"有一个地方，才能够有机会邀请到小丫，来担任形象代言人"），"那这样吧"就是提示这种否定。例[297]中的父亲是接受了李子勋的前序要求，说明自己会怎么做，而李子勋此时要提出另外一个建议（"当着全国观众感激太太"），就用了"你这样吧"来提示即将转换到新的建议上。

第六章
研究结论

本研究首次基于大规模的真实口语语料，对汉语中的话语标记进行了穷尽式的考察，一共发现了95个可以确认的话语标记，从中可以看出汉语的话语标记成分是比较丰富的。我们对所有这些话语标记做了形式、分布、功能及认知特征的分析，从而揭示了汉语话语标记的多方面特征。通过这种考察，我们最终将话语标记划分为话语组织、元语言、人际互动三种，这种分类与以往的分类有所不同，主要是将元语言话语标记明确地独立为一类。而且，元话语功能的话语标记是最多的，这可能是因为人们说话时，总是想让对方确切理解话语的意思，因而要进行各种处理，以实现交际目的。而话语组织和人际互动可以更多地依赖其他手段或交际情景来实现其功能，就不一定要使用话语标记。如话语组织可以依靠自然时间、逻辑顺序以及衔接成分来完成，而人际互动就是交际过程本身，这个过程顺利进行的话，就无需调节，除非这个进程不畅或说话人想进行特别的调节，才会使用话语标记，这是我们对话语标记的新认识。通过这一研究，不仅认识了汉语的话语标记的整体和特点，同时也让我们对话语标记这种语言现象有了一些新的发现，以及新的认识和思考。

一、话语标记纯粹是一种口语交际现象

在以往国内外的话语标记研究中，并没有完全把话语标记界定在口语范畴内，所举例证有很多来自于正式的书面语体语料，而这些可以在书面语体中出现的所谓的话语标记成分是具有实在意义或逻辑意义的，去掉它们会使语篇的内在逻辑联系和连贯关系受到影响；而口语中的话语标记

则不会有这样的影响。而且,以往的研究所举的可在书面语中使用的话语标记,只占话语标记的很小一部分,其余绝大部分都不能出现在书面语体中。像自我反馈、索取话轮、索取反馈等行为在书面语中是不存在的,属于纯粹口语的交际行为,所以书面语不会使用。如果不区分口语和书面语,会使得话语标记内部不同质,理论上不严密。

当然,个别话语标记是可以出现在书面语中的,如"大家都知道",但这一般是仿照口语交际而写的书面语,是模拟对某些交际对象说话。而且,这些成分出现在书面语时,其位置和停顿模式都会固定,不像口语那样灵活。

二、话语标记是副交际系统符号

像语言表达有语言手段和副语言手段之别一样,言语交际行为进行过程中,也同时存在着两种并行的行为。首先是表达世界和思想的行为,这是交际的本体,也是交际的第一功能,这是表达行为;同时,因为这种表达是发生在交际参与者之间的,所以不仅说话人自己要表达意义,还同时要关注着交际对象,关注交际对象的交际参与状态和反应,关注彼此关系与心理距离,并互相配合或进行某种调整。这种伴随着表达行为的交际行为我们可以称之为副交际行为,是对交际进程的监控、调节行为。就像舞台上的演员,一方面要完成表演行为,一方面还要关注观众的反应,或与观众进行互动。副交际行为可以采用非语言行为,也可以采用语言符号来进行,这些语言符号,就是话语标记。因此,话语标记是副交际系统符号,它是说话人在进行表达行为的同时,给交际对象的提示信号,提示交际对象自己在做什么、要做什么或希望对方有什么反应。这样,可以从理论上将话语标记与其他语言成分从根本上区别开来。因此,话语标记应被看作是交际层面的现象,这样就可以使话语标记的性质得到根本的统一,而排除那些不受交际制约的语言系统本身的插入成分。正因为话语标记是言语交际现象,所以,口语中才会大量使用。

三、话语标记对于交际而言并非可有可无

一般话语研究理论都认同一点,话语标记去掉后不影响结构完整、语

义表达及逻辑连贯，这是从语言交际的表达行为系统上看，但如果从副交际系统上看，话语标记并不是可有可无的。在语言交际过程中，只要存在副语言交际系统，就一定会使用话语标记，否则可能就会显得交际不自然、自说自话，或造成交际中断，或影响交际双方之间的关系，使得交际不能顺利进行或达不到预期的效果。我们也发现，有些话语标记，像交际启动标记"好₁、那₁"，以及使用频率很高的几个填补空白标记"嗯、那个、这个"等几乎是不可以去掉或回避使用的，如果去掉，则会显得很不自然、不顺畅。这也说明话语标记对于交际的重要性。那些看似可以去掉的话语标记，去掉后，可能会显得连接不自然、不顺畅，或语气、态度等发生改变。所以话语标记对于交际来说是重要的，也是不可回避的。

四、话语标记具有切分表达单元和句法结构单元的作用

通过研究我们看到，汉语里的很多话语标记位置比较灵活，都可以插在具有句法结构关系的成分之间，主要是插在分句与分句之间、分句与主句之间、连接成分与主句之间、主语和谓语之间、述语和宾语之间，像"哈、这个、那个、那什么"等。这一方面反映了话语标记是对句子及话语的实意切分手段（张伯江等，1996），另一方面也说明，话语标记具有标记句法成分之间关系的作用，如：

[298] 这个，你不给他管理起来，那就容易出事儿，是哇，什么，现在我觉得，*那什么*，这个刑事案件少了，是哇，这与这个抓教育啊，是哇，这个各个公共场所的这个活跃啊，是哇。（北语 BJKY）

这里的"那什么"切分开述语和宾语，突出了陈述和对象之间的关系。

又如：

[299] 你说妈妈看见你脸上的伤会怎么样？嘴巴肯定*那个*，会骂死我的，但是心里肯定会说，多吃点东西好好补补。（qrqp070808）

这里的"那个"插入在主语成分和谓语成分之间，实际上突出了施事和动作之间的关系。

这种情况说明，话语标记具有切分句法单位的作用，使得各单位之

间的关系更明显,这样可以降低因句法单位较长而引起的表达和理解的难度,它是从认知和表达角度对语言单位的切分。但这种切分与句法结构单位切分有一致性,客观上凸显了句法关系。

五、汉语话语标记形式可变性更强

从考察中可以看出,汉语的很多话语标记构成成分都有一定的可变性,较多的是可以带上语气词,还有些是可带人称也可不带人称,这与汉语的特点有关。汉语的语气词丰富,而语气词在交际中的作用比较明显,所以它们很容易与话语标记成分结合来承担交际功能。另外,汉语的句法结构不带主语很常见,所以一些话语标记也体现出这一特点,即其中的形式上主语位置的人称代词可以出现也可以不出现,如"(我/我们)说实在的、(我)告诉你、(你)看"等;而英语则没有对应的不带形式主语的话语标记。

六、汉语话语标记位置更灵活

以往针对英语的话语标记研究,比较倾向于话语标记的位置固定,像Schiffrin等干脆就认为位于句前的才能算话语标记。但从实际考察中我们发现,汉语的很多话语标记的位置比较灵活,因此不能仅仅将话语标记看作是位置固定的,这不是其基本特征。如果从副交际系统层面看,说话人在表达过程中,始终都会关注听话人的反应,所以随时可能传递副交际信号,所以,一些话轮延续标记、元语言标记和人际互动标记不会受语言本身的线性序列控制。

七、余论

本研究力图利用大量的语料对汉语的话语标记进行全面的研究,并对其有了一个整体的认识,取得了一些新的发现,在一定程度上可加深对汉语话语标记及话语标记理论的研究。但由于能力、精力所限,在研究中发现有些问题还没有得到很好的解决。首先是语料中的话语标记的认定问题,因为多数话语标记都是借用其他连词或有实意的成分,所以经常面临认定某个例句中的成分是否为话语标记的问题，有时即使听录音也不好判定。所以，我们对于不能认定的，就排除在统计之外。因此，统计可能会有一定误差，统计数据不具有精确的统计意义，只能表明各话语标记成分之间的相对数量对比关系。其次，在各种功能的分类上，有些话语标记似乎同时兼有两种功能，这给其类属划分带来困难，我们尽量将其与其他成分比对形式上的特征、前后序列之间的关系，以判定其首要的功能，按其首要功能进行分类，但这可能会难免主观性影响，可能会产生一些偏误。最后，虽然我们的语料数量够大，但其语体、风格、话题覆盖面远不如现实生活那样无限广阔，所以，也不能肯定是否还有其他的话语标记成分没有被发现和甄别出来。这些问题期待在后续研究中加以完善，也期待同行们能在这方面进行深入研究。

参考文献

- 安华林.元语言理论的形成和语言学的元语言观[J].内蒙古社会科学(汉文版),2005(1).
- 白娟,贾放.汉语元语用标记语功能分析与留学生口头交际训练[J].语言文字应用,2006(S2).
- 曹秀玲,辛慧.话语标记的多源性与非排他性——以汉语超预期话语标记为例[J].语言科学,2012(3).
- 曹秀玲.从问到非问:话语标记的一个来源——以"怎么说呢"为例[J].山西大学学报(哲学社会科学版),2014(4).
- 曹媛媛."那个"的模糊语义和话语标记分析[J].现代语文(语言研究版),2007(11).
- 陈振宇,朴珉秀.话语标记"你看"、"我看"与现实情态[J].语言科学,2006(2).
- 董思聪.重庆方言中几个含否定词的话语标记[J].重庆邮电大学学报(社会科学版),2013(6).
- 董秀芳.词汇化与话语标记的形成[J].世界汉语教学,2007(1).
- 方梅.自然口语中弱化连词的话语标记功能[J].中国语文,2000(5).
- 方梅.认证义谓宾动词的虚化——从谓宾动词到语用标记[J].中国语文,2005(6).
- 方梅.会话结构与连词的浮现义[J].中国语文,2012(6).
- 方梅.对外汉语教学中的话语标记语研究[D].济南:山东师范大学,2013.
- 冯光武.汉语语用标记语的语义、语用分析[J].现代外语,2004(1).

- 高竞怡，刘源莆，王晓燕.论元话语和话语标记[J].当代教育理论与实践，2010（1）.
- 高增霞 a.自然口语中的话语标记"回头"[J].中国社会科学院研究生院学报，2004（1）.
- 高增霞 b.自然口语中的话语标记"完了"[J].语文研究，2004（4）.
- 韩丹丹，李白清.话轮转换中话语标记语的顺应性研究——以电视节目《小崔说事为例》[J].黄石理工学院学报，2012（6）.
- 何自然，冉永平.话语联系语的语用制约性[J].外语教学与研究，1999（3）.
- 侯瑞芬."别说"与"别提"[J].中国语文，2009（2）.
- 胡壮麟.语篇的衔接与连贯[M].上海：上海外语教育出版社，1994.
- 胡壮麟，朱永生，张德禄，等.系统功能语言学概论[M].北京：北京大学出版社，2005.
- 黄大网.话语标记研究综述[J].福建外语，2001（1）.
- 黄勇.论话语标记"好"[J].文教资料，2012（32）.
- 姜迪.韩国留学生话语标记使用调查及偏误分析[D].厦门：厦门大学，2007.
- 阚明刚，侯敏.话语标记语体对比及其对汉语教学的启示[J].语言教学与研究，2013（6）.
- 李思旭.从词论化、语法化看话语标记的形成——兼谈话语标记的来源问题[J].世界汉语教学，2012（3）.
- 李咸菊.北京口语常用话语标记研究[D].北京：北京语言大学，2008.
- 李秀明.汉语元话语标记研究[D].上海：复旦大学，2006.
- 李勇忠.论话语标记在话语生成和理解中的作用[J].四川外语学院学报，2003（6）.
- 李宗江.说"完了"[J].汉语学习，2004（5）.
- 李宗江."回头"的词汇化与主观性[J].语言科学，2006（4）.
- 李宗江."看你"类话语标记分析[J].语言科学，2009（3）.
- 李宗江.关于话语标记来源研究的两点看法——从"我说"类话语标记的来源说起[J].世界汉语教学，2010（2）.
- 李宗江.几个疑问小句的话语标记功能——兼及对话语标记功能描写的一点看法[J].当代修辞学，2013（2）
- 刘福长.语言学中的"对象语言"和"元语言"[J].现代外语，1989（3）.

- 刘丽艳.作为话语标记语的"不是"[J].语言教学与研究,2005(6).
- 刘丽艳.跨文化交际中话语标记的习得与误用[J].汉语学习,2006(4).
- 刘丽艳.汉语话语标记研究[M].北京:北京语言大学出版社,2011.
- 刘森林.元语用论概述[J].解放军外国语学院学报,2001(7).
- 刘焱.话语标记语"对了"[J].云南师范大学学报,2007(5).
- 刘永华,高建平.汉语口语中的话语标记"别说"[J].语言与翻译,2007(2).
- 卢英顺."这样吧"的话语标记功能[J].当代修辞学,2012(5).
- 马国彦.话语标记与口头禅——以"然后"和"但是"为例[J].语言教学与研究,2010(4).
- 庞恋蕴.基于对外汉语教学的话语标记语考察与研究[D].济南:山东大学,2011
- 钱玉莲.话语标记语"是这样的"及其语用功能[J].语言研究,2012(2).
- 冉永平.话语标记语的语用学研究综述[J].外语研究,2000(4).
- 冉永平.言语交际中"吧"的语用功能及其语境顺应性特征[J].现代外语,2004(4).
- 单谊.自然话语中话语标记语"你知道"的韵律特征[J].语言教学与研究,2015(3).
- 邵敬敏,朱晓亚."好"的话语功能及其虚化轨迹[J].中国语文,2005(5).
- 司红霞."这样吧"试析[J].语言文字应用,2005(S1).
- 宋晖.转折话语标记模式研究[J].汉语学习,2015(2)
- 孙利萍,方清明.汉语话语标记的类型及功能研究综观[J].汉语学习,2011(12).
- 王长武.从小句到话语标记——试析"是这样的"[J].重庆文理学院学报,2014(11)
- 王红斌.北京故宫导游词中话语标记"那么"的功能[J].北京社会科学,2007(1).
- 王茜.以英语为母语的汉语学习者口语话语标记语的使用研究[D],上海:华东师范大学,2008.
- 谢世坚.话语标记语研究综述[J].山东外语教学,2009(5).
- 许家金.青少年汉语口语中话语标记的话语功能研究[M].北京:外语教学与研究出版社,2005.
- 许家金.汉语自然会话中话语标记"那(个)"的功能分析[J].语言科学,2008(1).
- 许家金.话语标记的现场即席观[J].外语学刊,2009(2).

- 闫涛. 话语标记及其语篇功能 [J]. 齐齐哈尔大学学报, 2002（6）.
- 姚双云. 口语中"所以"的语义弱化与功能扩展 [J]. 汉语学报, 2009（3）.
- 易萍. 留学生话语标记使用情况考察与偏误分析——基于留学生口语自然语料的研究 [D]. 武汉：华中师范大学, 2013.
- 殷树林. 话语标记"这个"、"那个"的语法化和使用的影响因素 [J]. 外语学刊, 2009（4）.
- 乐耀. 从语用认知角度谈"不是+NP+VP，+后续句"[J]. 暨南大学华文学院学报, 2006（3）.
- 乐耀. 北京话中"你像"的话语功能及相关问题探析 [J]. 中国语文, 2010(2).
- 乐耀. 从"不是我说你"类话语标记的形成看会话中主观性范畴与语用原则的互动 [J]. 世界汉语教学, 2011（1）.
- 曾立英. "我看"与"你看"的主观化 [J]. 汉语学习, 2005（2）.
- 张伯江, 方梅. 汉语功能语法研究 [M]. 南昌：江西教育出版社, 1996.
- 张黎. 商业汉语口语研究——现场促销语言调查与分析 [M]. 北京：中国传媒大学出版社, 2007.
- 张黎, 魏娜. 汉语中作为话语标记的"那么"、"所以"、"然后"比较 [J]. 中国人文科学（韩国）, 2011（48）.
- 张黎, 袁萍, 高一瑄. 汉语口语话语标记成分统计分析 [J]. 中国语言学报, 2016（17）.
- 张旺熹, 姚京晶. 汉语人称代词类话语标记系统的主观性差异 [J]. 汉语学习, 2009（3）.
- 郑贵友. 汉语篇章语言学 [M]. 北京：外文出版社, 2002.
- 郑娟曼, 邵敬敏. 试论新兴的后附否定标记"好不好"[J]. 暨南学报（哲学社会科学版）, 2008（6）.
- 钟玲, 李治平. 自然口语中的话语标记"不瞒你说"[J]. 语文知识, 2012(2).
- Aijmer, K. A. *Conversational Routines in English*: *Convention and Creativity* [M]. London & New York: Addison Wesley Longman, 1996.
- Ariel, M. Interpreting anaphoric expressions: A cognitive versus a pragmatic approach [J]. *Journal of Linguistics*. 30: 3-42, 1994.
- Bazanella, C. Phatic connectives as intonational cues in contemporary spoken Italian [J]. *Journal of Pragmatics*. 14（4）: 629-47, 1990.
- Blakemore, D. *Understanding Utterances* [M]. Oxford: Blackwell, 1992.

- Celce-Murcia, M., Larsen-Freeman, D. *The Grammar Book—An ESL/EFL Teacher's Course* [M]. Boston: Heinle & Heinle Publishers, 1983.
- Crismore, A. *Talking with Readers: Metadiscourse as Rhetorical Act* [M]. New York: Peter Lang, 1989.
- Erman, B. *Pragmatic Expressions in English: A Study of "You Know", "You See" and "I Mean" in Face-to-Face Conversation* [M]. Stockholm: Almqvist & Wiksell International, 1987.
- Fraser, B. Pragmatic markers [J]. *Pragmatics*, 6（2）: 167-190, 1996.
- Fraser, B. What are discourse markers? [J]. *Journal of Pragmatics*, 31（7）: 931-952, 1999.
- Fries, C. *The Structure of English: An Introduction to the Construction of English Sentences* [M]. Harcourt, Brace & Company, 1952.
- Fuller, M. Use of the discourse marker "like" in interviews [J]. *Journal of Sociolinguistics*, 7（3）: 365-377, 2003.
- Halliday, M. A. K. *An Introduction to Functional Grammar* [M]. London: Arnold, 1994.
- Halliday, M. A. K., Hasan, R. *Cohesion in English* [M]. London: Longman, 1976.
- Hölker, K. Französisch Partikelforschung [A]. *Lexikonder Romanistischen Linguistic*, Tubingen: Niemeyer, Vol.1: 77-78, 1991.
- Jakobson, R. Linguistics and Poetics [A]. In T. Sebeok（ed.）*Style in Language* [C].Cambridge: MA: MIT Press, 1960.
- Jefferson, J. Sequential aspects of storytelling in conversation [A]. In J. Schekein（ed.）*Studies in the Organization of Conversational Interaction* [C]: 219-248. New York: Academic Press, 1978.
- Kopple, W. J. V. Some exploratory discourse on metadiscourse [J]. *College Composition & Communication*, 36（1）: 82-93, 1985.
- Locke, J. *An Essay Concerning Human Understanding* [M]. New York: Dover Publications, 1959.
- McDough, R. Reflections on reflexivity [J]. *Language Sciences*. 22（2）: 203-222, 2000.
- Miracle, C. Discourse markers in Mandarin Chinese [D]. Columbus: Ohio State University, 1991.

- Polanyi, L., Scha, R. On the Recursive Structure of Discourse [A]. In Ehlich, K. & van Riemsdijk, H. (eds.) *Connectedness in Sentence, Discourse and Text* [C]. Tilburg: Tilburg University, 1983.
- Quirk, R., Greenbaum, S., Leech, G. & Svartvik, J. *A Comprehensive Grammar of the English Language* [M]. New York: Longman, 1985.
- Redeker, G. Linguistic markers of discourse structure [J]. *Linguistics*. 29 (6): 1139-1172, 1991.
- Renkema, J. *Discourse Studies* [M]. Amsterdam: John Benjamins, 1993.
- Rouchota, V. Discourse connectives: What do they link [J]. *UCL Working Papers in Linguistics* (8):199-214, 1996.
- Schiffrin, D. *Discourse Markers* [M]. Cambridge: Cambridge University Press, 1987.
- Schourup, C. *Common Discourse Particles in English Conversation* [M]. New York: Garland, 1985.
- Sperber, D., Wilson, D. *Relevance: Communication & Cognition* [M]. Oxford: Blackwell, 1986.
- Stubbs, M. *Discourse Analysis: The Sociolinguistic Analysis of Natural Language* [M]. Oxford: Blackwell, 1983.
- Taylor, J. *Theorizing Language: Analysis, Normativity, Rhetoric, History* [M]. New York: Pergamon Press, 1997.
- van Dijk, A. Pragmatic connectives [J]. *Journal of Pragmatics*. 3 (5): 447-456, 1979.
- Verschueren, J. *Understanding Pragmatics* [M]. Foreign Language Teaching and Research Press, London: Edward Arnold (Publishers) Limited, 2000.
- Watts, R. Taking the pitcher to the "well": Native speakers, perception of their use of discourse markers in conversation [J]. *Journal of Pragmatics*, 1989.

附录：话语标记条目速查索引

（按不可变的核心成分的音序排列，后面的数字为各条目在本书的序号）

A

啊1 [元语言—自我反馈] 25
啊2 [人际互动—联络] 65
啊3 [人际互动—关系调节] 92
哎1/唉1 [元语言—自我反馈] 26
哎2 [元语言—信息凸显] 30
哎3/唉2 [元语言—信息凸显] 31
哎4/唉3 [人际互动—联络] 66

B

（你/您）（也）（还）（真）别说 [元语言—信息凸显] 32
（我/咱）不瞒你（们）/您说 [元语言—信息凸显] 33
不是 [元语言—表态] 59
不是我说你（们）[元语言—表态] 60

D

大家/我们（都）知道 [人际互动—寻求认同] 75
对 [元语言—自我反馈] 27
对吧 [人际互动—寻求认同] 76
对不对 [人际互动—寻求认同] 77
对了1 [话语组织—交际进程—交际转换] 2
对了2 [元语言—自我反馈] 28

附录：话语标记条目速查索引

G

（我）告诉你₁ [元语言—信息凸显] 34
（我）告诉你₂ [元语言—信息凸显] 35

H

哈 [人际互动—寻求认同] 78
好₁ [话语组织—交际进程—交际启动] 1
好₂ [话语组织—交际进程—交际转换] 3
好₃ [话语组织—交际进程—交际结束] 8
好不好 [元语言—表态] 61
好的₁ [话语组织—交际进程—交际转换] 4
好的₂ [话语组织—交际进程—交际结束] 9
好家伙 [元语言—信息凸显] 36
好了 [话语组织—交际进程—交际转换] 5
好嘛₁ [元语言—信息凸显] 37
好嘛₂ [元语言—表态] 62

J

（也）就是（说）₁ [元语言—信息凸显] 38
（也）就是（说）₂ [元语言—解释] 51

K

（你）看 [人际互动—寻求认同] 79
（你/你们）看看 [人际互动—寻求认同] 80
可以说 [元语言—解释] 52

L

老实说 [元语言—信息凸显] 39

N

嗯₁ [话语组织—话轮控制—填补空白] 21
嗯₂ [元语言—自我反馈] 29
那₁ [话语组织—话轮控制—话轮转接] 10
那₂ [话语组织—话轮控制—话轮延续] 16

那个 1 [话语组织—话轮控制—话轮转接] ································ 11
那个 2 [话语组织—话轮控制—填补空白] ································ 22
那么 1 [话语组织—话轮控制—话轮转接] ································ 12
那么 2 [话语组织—话轮控制—话轮延续] ································ 17
那什么 1 [话语组织—话轮控制—填补空白] ······························ 23
那什么 2 [人际互动—联络] ··· 67
你 [元语言—信息凸显] ·· 40
你看 1 [人际互动—寻求认同] ·· 81
你看 2 [人际互动—协商] ·· 94
你说 1 [人际互动—联络] ·· 68
你说 2 [人际互动—寻求认同] ·· 82
你说说 [人际互动—寻求认同] ·· 83
你想 [人际互动—寻求认同] ··· 84
你想想（看）[人际互动—寻求认同] ···································· 85
你/您知道 [人际互动—寻求认同] ·· 86

Q

（你）瞧 [人际互动—寻求认同] ··· 87

R

然后 1 [话语组织—话轮控制—话轮转接] ································ 13
然后 2 [话语组织—话轮控制—话轮延续] ································ 18

S

实话说 [元语言—信息凸显] ··· 41
是吧 [人际互动—寻求认同] ··· 88
是不是 [人际互动—寻求认同] ·· 89
（就）是这样（子）(的) 1 [话语组织—交际进程—交际转换] ········ 6
（它）是这样（子）(的) 2 [元语言—解释] ···························· 53
说白了 [元语言—解释] ·· 54
（咱们）说（得）明白点（吧）[元语言—解释] ······················ 55
（它/这）说起来 [元语言—信息凸显] ·································· 42
（咱/咱们）说实话 [元语言—信息凸显] ································ 43
（我/我们）说实在的 [元语言—信息凸显] ···························· 44

（我/咱/这）说真的 [元语言—表态] ………………………………… 63
所以₁ [话语组织—话轮控制—话轮转接] ……………………… 14
所以₂ [话语组织—话轮控制—话轮延续] ……………………… 19

T

他妈（的）[元语言—表态] ………………………………………… 64
（你/您/你们）听我说 [人际互动—联络] ……………………… 69
（你）听着 [人际互动—联络] …………………………………… 70

W

完了 [话语组织—话轮控制—话轮延续] ………………………… 20
我的意思（就）是（说）[元语言—解释] …………………… 56
我敢说 [元语言—信息凸显] ……………………………………… 45
我跟你说/讲 [人际互动—联络] ………………………………… 71
我看 [元语言—信息凸显] ………………………………………… 46
我是说 [元语言—解释] …………………………………………… 57
我说₁ [元语言—信息凸显] ……………………………………… 47
我说₂ [人际互动—联络] ………………………………………… 72
我说你 [人际互动—关系调节] ………………………………… 93
我问你 [人际互动—联络] ……………………………………… 73
我想 [元语言—信息凸显] ……………………………………… 48

Y

要我说 [元语言—信息凸显] …………………………………… 49

Z

（这/这话）（该）怎么说呢 [元语言—信息凸显] …………… 50
（它/他/你）这个₁ [话语组织—话轮控制—话轮转接] ……… 15
这个₂ [话语组织—话轮控制—填补空白] ……………………… 24
（咱们/我/我们）（跟你/您）这么说吧 [元语言—解释] …… 58
（就）这样（子）（的）₁ [话语组织—交际进程—交际转换] … 7
（那）（你/咱们）（要不）这样（吧）₂ [人际互动—协商] …… 95
（你/您）知道吧 [人际互动—寻求认同] ……………………… 90
（你/您/你们/大家）知道吗₁ [人际互动—联络] …………… 74
（你/您）知道吗₂ [人际互动—寻求认同] …………………… 91

153